MARIA LUISA RODENBECK

a empresária que trouxe a **Starbucks** para o país do café

Dados Internacionais de Catalogação na Publicação (CIP)
(Câmara Brasileira do Livro, SP, Brasil)

Medeiros, Luciana
Maria Luisa Rodenbeck : a empresária que trouxe a Starbucks para o país do café / Luciana Medeiros. -- 1. ed. -- Rio de Janeiro : Verbo Virtual, 2017.

Vários colaboradores.
ISBN: 978-85-69101-02-4

1. Cafeterias - Brasil 2. Empreendedorismo 3. Empresárias - Biografia 4. Rodenbeck, Maria Luisa, 1958-2007 5. Starbucks (Empresa) - História 6. Sucesso nos negócios I. Título.

17-08896 CDD-338.092

Índices para catálogo sistemático:

1. Empresárias : Vida e obra 338.092

Idealização do projeto: Ana Amélia Whately
Coordenação Geral: Luciana Medeiros e Vera Novello
Pesquisa e Entrevistas: Luciana Medeiros e Ana Amélia Whately
Projeto Gráfico e Diagramação: Roberta de Freitas
Fotografia de Capa: Cláudio Gatti / Agência ISTOÉ
Fotografias: Acervo
Revisão: José Figueiredo

Todos os esforços foram feitos para determinar a autoria das fotos e creditar as pessoas fotografadas neste livro. Nem sempre foi possível. Teremos o prazer de creditar todos os que se manifestem.
Todos os depoimentos dos entrevistados incluídos no livro foram devidamente autorizados para publicação.

MARIA LUISA RODENBECK

a empresária que trouxe a **STARBUCKS** para o país do café

Luciana Medeiros

1ª edição . Rio de Janeiro, 2017

SUMÁRIO

PREFÁCIO

Peter Rodenbeck

Há dez anos, Maria Luisa nos deixou. Para nós, que a conhecemos, sua lembrança permanece intensa, forte, como ela mesma foi. Hoje, por exemplo, ouvi uma história singela, de um funcionário aposentado do McDonald's que a encontrou pela primeira vez 35 atrás. Ele estava em processo de contratação e foi buscar seu uniforme em nosso pequeno escritório no Flamengo. A chefe dos Recursos Humanos estava fora – assim, Luisa selecionou o tamanho de roupa e entregou o pacote para ele. Ao assinar o recibo, o rapaz viu que teria de arcar com a compra de um par de tênis pretos e estava constrangido: não tinha dinheiro algum. Lu entendeu a situação, abriu a bolsa e deu a ele 30 cruzeiros, dizendo: "Você me paga quando receber seu primeiro salário. Vá correndo para a loja porque estão precisando muito de você".

O fato de que esse jovem tenha se tornado um excepcional gerente, prestando 29 anos de ótimos serviços, mostra que ela tinha um faro especial. O incidente mostrou ainda que ela resolvia os problemas depressa. E tinha um enorme coração.

Há centenas de histórias como essa sobre Luisa. Algumas estão neste livro. Mas não se trata de um manual, de uma coleção de fórmulas. Você vai ler uma história de sucesso e vai descobrir, por si mesmo, o que a fez tão eficiente em seu trabalho.

Suas origens são pura Itália. Filha de imigrantes da Calábria, ela não falava português até ir para a escola. E acabou dominando fluentemente cinco idiomas, incluindo o dialeto calabrês que ela ouvia sentada aos pés de sua avó. Em seu MBA, nos Estados Unidos, suas habilidades linguísticas foram em parte responsáveis pela alta colocação na turma.

Talvez sua incrível capacidade de liderança tenha vindo do fato de ser a primeira brasileira da família. Seus pais e os irmãos Vera e Chico puderam contar com ela para orientação nessa sociedade complicada, cujos códigos ela decifrava muito depressa – a julgar pela sua habilidade em fazer amigos, pela sua performance acadêmica e, mais tarde, pela capacidade de conquistar a confiança e a admiração de gente muito importante do universo dos negócios, mundo afora.

Seus valores mais fundamentais vieram de seus pais, que ela amava e em quem se inspirava – dá para sentir claramente a força da fé religiosa e das sólidas tradições familiares que estão espelhadas em Luisa.

A preparação do livro levou vários anos; uma fila longa de amigos que queriam registrar suas lembranças se formou e foi ouvida. Agradeço a todos e destaco os papéis das pessoas que participaram da confecção deste volume nas suas várias fases:

Ana Amelia Whately Idealização do livro, pesquisa, coordenação das entrevistas, organização de material relevante.

Vera Novello Whately Edição final, administração, fonte de material e memórias. Líder do projeto com muita garra.

Luciana Medeiros Autora, guia profissional para a equipe de amadores, amiga da família cujo foco e esforço nos levaram ao resultado final.

Aos mais de 170 entrevistados, que lembraram com emoção e amor a trajetória de Maria Luisa.

Larry Fish, Marcos Moraes, Alberto e Cosme Torrado da Alsea Nossos *partners* na Starbucks Brasil.

Pablo Arizmendi-Kalb Mexicano, muito experiente em Marketing, dedicado à marca Starbucks, foi um importante condutor da abertura do mercado brasileiro. Didático, diplomático, ele dava assistência a Maria Luisa, atuando intensivamente na preparação do plano de negócios que alavancou a conquista.

E, em especial, homenageio duas figuras fundamentais nessa história, que nos deixaram entre o início e o encerramento do projeto:

Salim Maroun Sócio fundador do Outback e amigo da família desde sua imigração para Brasil. Ele foi uma grande inspiração para Lu e a convidou para trabalhar no Outback.

Buck Hendrix Vice-presidente da Starbucks para a América Latina, Buck representava a empresa na *joint venture* e deu um suporte fundamental para que Maria Luisa operasse com excelência. Era fisicamente grande, de temperamento expansivo e repleto de calor humano, e o relacionamento dos dois foi decisivo para o sucesso da Starbucks no Brasil.

Este livro é sobre o que ela fez e de que maneira.

Tenho uma enorme admiração por Maria Luisa e sei que todos os que a conheceram a consideram inesquecível. Espero que este livro ajude a trazer mais gente para o círculo de inspiração que foi, e continua sendo, a sua vida.

INTRODUÇÃO

Marcelo Carvalho

Tive o privilégio de conhecer Maria Luisa através de uma das suas maiores virtudes, a generosidade.

Era 1999 e eu tinha acabado de fundar no Rio de Janeiro a Junior Achievement, associação educativa sem fins lucrativos criada em 1919 nos Estados Unidos com objetivo de despertar o espírito empreendedor nos jovens em idade escolar.

A proximidade de meu pai, Sergio Carvalho, com Peter Rodenbeck – sendo ele americano e muito envolvido com o terceiro setor –, me incentivou num pedido de ajuda.

Peter prontamente me atendeu, cumprimentou-me pela iniciativa e me encaminhou diretamente para Maria Luisa, que até então eu não conhecia. Comuniquei ao Sergio, com alegria, que Peter iria nos ajudar e que havia sugerido o contato direto com Maria Luisa. Ele, que não tem como costume elogiar as pessoas que não são realmente especiais, respondeu prontamente: "Que legal! Prepare-se, Maria Luisa é uma craque. Doce no tratamento e extremamente competente em tudo o que abraça."

Aí nasceram uma amizade e uma cumplicidade enormes, no movimento de levar o projeto Junior Achievement para frente.

Maria Luisa nos ajudou muito, sempre com muita boa vontade e entregando mais do que combinava, uma das suas virtudes mais marcantes. Com sua energia, ela ajudou a mobilizar voluntários, contribuindo para o fortalecimento de uma rede que hoje já contabiliza mais de 11 mil pessoas. Maria Luisa também não mediu esforços para viabilizar programas e parcerias, sempre acreditando que "empreender transforma", um de nossos lemas.

Com profunda tristeza, recebi a notícia do acidente. Eu estava em Cape Town, na África do Sul, participando de uma conferência mundial de shopping centers. Foi um dia muito triste. Fui embora da conferência. Não parava de pensar naquela lastimável perda.

Ela reunia características de uma verdadeira empreendedora: capacidade intelectual, competência, criatividade, coragem, sensibilidade, persistência, adaptabilidade. Tudo sempre com muita intensidade, emoção e objetividade, algo raro de se encontrar.

Naquele mesmo dia, tentando absorver a irreparável perda, tive uma ideia: a de homenagear Maria Luisa criando um prêmio com o nome dela. Um prêmio que simbolizasse o seu espírito e que seria concedido às melhores equipes empreendedoras no evento de formatura do projeto Miniempresa da Junior Achievement.

O projeto Miniempresa é o carro-chefe da organização, o programa que produz o maior impacto nos jovens ao proporcionar a vivência de um ciclo completo da iniciativa empresarial, desde a definição do produto até a venda e o retorno aos acionistas.

Debati com nosso time interno e criamos indicadores específicos que pudessem reconhecer a equipe empreendedora do ano, até então um reconhecimento que não existia. Critérios como rentabilidade, estratégias de marketing, inovação, gestão de pessoas e fluxo de produção foram estabelecidos. O resultado é sempre informado aos participantes em um momento de muita celebração e alegria que contagia não só os alunos, mas os pais, os voluntários e todos que participam deste maravilhoso programa.

Não preciso dizer que o prêmio Equipe Empreendedora Maria Luisa Rodenbeck se tornou o mais disputado. Além do reconhecimento, a equipe vencedora é convidada para jantar num restaurante Outback, motivo de muita alegria e comemoração entre os jovens vencedores. Conseguimos criar uma homenagem que tem a cara dela. Muitas vezes os jovens choram, se abraçam, num espírito de confraternização que retrata o espírito de uma vencedora!

O prêmio Maria Luisa Rodenbeck foi uma justa homenagem que fizemos a esta fabulosa mulher, uma incrível empreendedora que deixou muitas boas lembranças e saudades em todos nós. Uma pessoa generosa que ajudou a construir a história da Junior Achievement e dos mais de 260 mil jovens impactados no Rio de Janeiro nos últimos 18 anos, 85% oriundos de escolas públicas.

Recomendo aos jovens que leiam este livro e se espelhem em Maria Luisa.

Maria Luisa é um exemplo a ser seguido por todos nós.

Boa leitura.

***Marcelo Carvalho** é copresidente da Ancar Ivanhoe Shopping Centers e diretor da Junior Achievement Rio*

PRÓLOGO

YOU GOT THE ORDER!

MARÇO, 1997

Maria Luisa Novello Rodenbeck desceu do táxi em frente ao edifício número 2.401 da Utah Avenue, na parte Sul da cidade de Seattle. O inverno ainda reinava: era um dia fechado, frio, úmido. Havia acabado de chegar num voo vindo de Boston que levara pouco mais de seis horas. Acordara muito cedo para sair de casa. Estava morando em Cambridge, Massachusetts, cidade vizinha, onde cursava seu MBA. Na verdade, não havia dormido muito, pensando animada no desafio que decidira enfrentar, no sonho que resolvera trazer para a realidade.

Ela queria levar a Starbucks para o Brasil.

Fez daquela ideia seu projeto final do MBA, que ela completaria em junho. Mas, desde já, queria se colocar em movimento.

Três meses antes, ela havia mandado o primeiro sinal de fumaça para a companhia – um fax para Howard Behar, mítico executivo e um dos principais ideólogos da empresa, na época presidente da Starbucks Internacional. O fax foi gentil e burocraticamente respondido uma semana depois – praticamente acusaram o recebimento, e só. Mas Maria Luisa não estava disposta a deixar o acaso e o tempo decidirem por ela. Essa visita era uma aposta no sonho, um lance de ousadia.

Na calçada, olhou para cima – o inconfundível logotipo

verde e branco com o desenho da sereia projetava-se no alto da torre central da bonita construção com jeito de armazém, erguida em 1915 como centro de distribuição da Sears & Roebuck, que vendia todo tipo de mercadoria através de encomendas via catálogos e envio pelo correio. Desde meados dos anos 1990, fica ali o quartel-general da Starbucks, com escritórios distribuídos por sete pavimentos, abrigando o cérebro da companhia: a equipe de executivos na época comandada por Howard Schultz, o homem que reinventou o café como produto de consumo em larga escala, no mundo inteiro.

Maria Luisa encaminhou-se, decidida, para a portaria, segurando uma pasta elegante. Não tinha horário marcado com qualquer dos executivos da empresa: dias antes, havia feito somente um breve contato com a assistente de Desenvolvimento Internacional da rede, Edna Sawyer, que a receberia. Mas Maria Luisa estava disposta a esperar uma brecha na agenda de Jinlong Wang, o segundo em comando na área de expansão internacional – um movimento que a empresa havia iniciado oito meses antes, com a abertura da primeira loja fora do continente, em Tóquio.

STARBUCKS COFFEE

Feasibility Study

& Marketing Plan for

Starbucks Brazil

"You will become as great as your aspiration... If you cherish a vision, a lofty ideal in your heart, you will realize it."

James Allen

2

Primeiro Plano de Negócios apresentado à Starbucks, em 1997, elaborado no MBA

As portas do elevador se abriram para a recepção do andar executivo. No rosto, seu mais brilhante sorriso. Na pasta, três cópias do seu *business plan* para a entrada da Starbucks no Brasil, perfeitamente encadernadas.

Edna Sawyer se lembra com clareza daquele dia.

— Ela ligou, eu disse "claro, venha" – rememora a miúda e sorridente Edna. – Pensei em tomar um café com ela, receber a proposta e garantir que um dia, quando estivéssemos prontos para o Brasil, eu a encaminharia. E só. Mas Luisa não foi embora: sentou-se na recepção e esperou. Esperou muito.

Maria Luisa aguardaria o tempo que fosse necessário para falar com Jinlong

Wang. Sacou da bolsa um livro, companhia para a espera, de olho numa chance. Quem sabe Wang apareceria? Mas quem apareceu, horas mais tarde, acompanhando um visitante ao elevador, não foi o oriental. Emergiu do corredor o próprio Howard Schultz. O fundador e *CEO* da maior rede de cafeterias do mundo.

— Eu aproveitei o momento e apresentei os dois: "Howard, esta é Maria, do Brasil" – disse Edna, que caminhava junto à dupla.

Maria Luisa descreveria a cena mais tarde num e-mail para a amiga Ana Amélia Whately: "Howard veio em minha direção e parecia interessadíssimo, provavelmente porque Brasil é imediatamente associado a café. Foi muito simpático. Entreguei a ele meu *business plan*. Fui lá tentar ver Jesus e acabei esbarrando em Deus!".

Aquele primeiro contato com a corporação – que teve ainda a esperada conversa com Jinlong na mesma tarde – desdobrou-se em outras, muitas, quase incontáveis aproximações de Maria Luisa.

— A persistência da Lu...! Ela deve ter ligado de três em três meses para lá a partir desse dia, para garantir que a proposta seria estudada, para saber notícias, para dar notícias daqui, para ser lembrada – garante o marido, Peter Rodenbeck.

Enquanto isso, a Starbucks ia crescendo mundo afora, na Europa, na Ásia e na Oceania – mas nada de a América do Sul entrar em foco. Os faxes se transformaram em e-mails, os telefonemas nunca cessaram. Maria Luisa continuava querendo ficar, como diz Peter, *top of mind* na Starbucks para a futura vinda da rede para o Brasil.

Aquele *paper* encadernado, com detalhados estudos iniciais para o negócio que Maria Luisa planejava, não seria perdido nas gavetas da companhia. O sonho teria que aguardar, mas se transformaria em realidade.

Nas palavras do próprio Howard Schultz, começou naquele dia de 1997 o "mais longo namoro" de um potencial parceiro, cortejando fervorosamente a Starbucks.

JUNHO, 2005

No início daquele verão, Seattle, a maior cidade do estado de Washington – famosa pelo clima chuvoso – teve dias radiantes, secos, com temperatura acima da média. Maria Luisa e Peter Rodenbeck, depois de um cansativo voo Rio-Houston-Seattle, haviam chegado ao edifício-sede da Starbucks. Ao descer do táxi, olharam para cima: lá estava a sereia no alto da torre. Naquela tarde de junho, Maria Luisa faria sua apresentação para os executivos da Área Internacional da empresa, o último passo para a parceria se estabelecer. Maria Luisa já era a finalista para levar à frente a Starbucks Brasil.

O time liderado pelo britânico Martin Coles, presidente internacional da Starbucks, ouviu Maria Luisa discorrer com total segurança sobre o detalhadíssimo *business plan* em seu formato final, preparado em conjunto com a equipe de desenvolvimento para a América Latina – Buck Hendrix, vice-presidente para a área, e o diretor Pablo Arizmendi-Kalb.

Ao longo da apresentação, foram feitas muitas perguntas técnicas, houve uma série de pedidos de informações adicionais, mas a brasileira já estava dona do conteúdo: calma, totalmente segura.

Foram cerca de duas horas de conversa nesse primeiro tempo. O grupo se fechou para avaliar a apresentação e o casal seguiu para um café – o que mais? – num dos *corners* simpaticamente distribuídos pelos andares da empresa, responsáveis pelo onipresente aroma da bebida. Um curto intervalo e voltaram para a sala de reuniões. Maria Luisa preparou-se para responder a mais perguntas. Mas era hora de uma surpresa. O próprio Howard Schultz entrou na sala.

— Howard carregava o *business plan* que ela colocara nas mãos dele oito anos antes – rememorou Buck Hendrix. – E o chefe brincou: "Espero que você tenha atualizado isso aqui. Aliás, acho que era esta mesma blusa a que você usava naquele dia, mandou para a lavanderia?". Pensei que ela fosse desmaiar de susto e de alegria; abraçou Howard, de olhos arregalados.

Pouco depois, numa decisão cuja rapidez era "tremendamente inesperada, muito diversa dos padrões da empresa", segundo Buck, o martelo estava batido: seriam, sim, os parceiros da Starbucks em solo brasileiro. A alegria foi ainda mais intensa quando, já na saída, foram convocados para um cumprimento especial. Pela segunda vez naquele dia, Howard Schultz saudou uma efervescente Maria Luisa.

— *You got your order! When do we start?* – ele disse, sorridente; algo como "Você ganhou a parada! Quando nós começamos?".

— Foi um momento lindo – lembra Pablo.

Estava selada a parceria, que chegaria ao público dali a 15 meses, em São Paulo. O sonho de Maria Luisa abriria as portas no primeiro dia de dezembro de 2006. Entre essas duas datas, trabalho incansável, treinamento intenso e dedicação total de Maria Luisa e de sua equipe – e ela vestiria seu avental de barista certificada com emoção e orgulho em diversas ocasiões. Howard Schultz, aliás, adotaria o recurso em muitos de seus *speeches*.

Ali estava, naquela brasileira apaixonada pelo negócio da Starbucks, o signo do empreendedor: a combinação de determinação, de capacidade de trabalho incansável, de fé na própria visão, poder de convencimento, paixão inegociável.

E, como diz Howard Schultz ao olhar em retrospectiva aquele momento, Maria Luisa tinha a consciência de que "os grandes empreendedores e grandes pessoas de negócios encontram jeitos de entrelaçar seu sucesso a um propósito maior".

Os pais de Maria Luisa, no casamento civil

Assim como Schultz, oriundo de família humilde do Brooklyn, Nova York, Maria Luisa é filha de modestos imigrantes calabreses que se fixaram no Brasil. De muitas maneiras, essa foi uma herança decisiva na formação de sua atitude pessoal e na construção de seu estilo singular, descritos da mesma forma por todos os que a conheceram: uma profissional capaz de harmonizar, no dia a dia, a emoção com a objetividade, a visão macro com os pequenos detalhes, a persistência com adaptabilidade.

A história de Maria Luisa começa na vinda desses imigrantes – seus pais, Antonio Novello e Nelida Visconti – em busca de uma nova terra, atirando-se para o futuro com a confiança de que o trabalho duro e a união familiar reconstruiriam suas vidas.

1

UMA PEQUENA CALÁBRIA NO RIO DE JANEIRO

FAMÍLIA, INFÂNCIA, JUVENTUDE

Um conjunto de musselina rosa vestia a jovem Nelida Visconti ao desembarcar no Rio de Janeiro em junho de 1957. O *tailleur* havia sido confeccionado por ela própria, talentosa costureira, com vistas à ocasião: estava prestes a encontrar Antonio Novello, seu – talvez, quem sabe? – noivo.

Aos 24 anos, havia feito a difícil escolha de deixar para trás a Calábria natal, amigos, a parentada, a mãe Elvira, os irmãos Lunídia e Davide e os avós maternos, Carmine e Filomena. Abria mão do ambiente familiar da pequenina cidade litorânea – San Lucido, na Calábria – para se lançar numa nova vida, a dez mil quilômetros e um oceano de distância. Verdade que ali, no Brasil, esperavam-na, ansiosos, seu pai, Silvio, e seu querido irmão Totono. Ainda assim, era um tremendo salto no escuro. Uma gente diferente, falando outro idioma. Uma terra tropical.

Vista aérea de San Lucido, na província de Cosenza – Itália

A pequena Nelida – no registro, Franceschina, nome que nunca "pegou" – preparou-se para descer enquanto o navio atracava a curta distância da Praça Mauá. Na bolsa, a última carta de Antonio Novello, o bonito e empertigado *carabinieri* que conhecera quando garota e que agora custeava sua viagem. A figura do moço, da cidade vizinha, Paola, era uma lembrança um pouco vaga – um jovem garboso, que olhava de esguelha para ela. Mas as cartas dele vinham chegando há algum tempo, evocando a família, contando histórias da cidade para onde se mudara quase dez anos antes. Essa última vinha acompanhada de um retrato, que Nelida estranhou muito. Cabelo emplastrado – uma calvície já anunciada, que ele justificaria pelo uso constante do quepe de policial –, terno, gravata, um bigodinho fino *à la* Clark Gable. Suspirou.

A vontade de rever o pai e o irmão querido falou mais alto. E, afinal, a Itália seguia lutando para se reerguer depois do conflito. Levas de imigrantes continuavam a deixar o país para "fazer a América", não apenas no Brasil, mas nos Estados Unidos, na Argentina, no Canadá. Novo Mundo, diziam. Nova vida, pensava ela. Nova vida!

Quando finalmente colocou os pezinhos em terra firme, abraçou o pai e Totono, emocionada. A poucos passos, Antonio segurava um buquê de flores. Silvio, típico pai italiano, protetor e até meio ciumento, segurou o braço da filha e sussurrou: "Você não precisa casar com ele se não quiser". Nelida estava achando graça. O moço, ao vivo, era bonito como nas suas lembranças. Deram-se os braços e foram festejar a chegada de Nelida com a família do futuro marido – boa parte dela instalada no Catete, bairro de classe média do Rio de Janeiro, então Distrito Federal.

Ambos, Antonio e ela, vinham de tempos fortemente marcados pelas guerras, em que pobreza e devastação eram combatidas com solidariedade e trabalho duro. Um dos mais importantes mecanismos de sobrevivência e superação eram os laços profundos com a terra, com seus *paesi*, famílias e vizinhos. A diáspora não esvaziaria esse sentimento – muito pelo contrário.

Como a maioria dos imigrantes que se descolam de suas raízes e partem para o desconhecido, em busca de oportunidades, Nelida tinha decidido apostar numa visão do futuro e era nesse futuro que ela passava a morar. Isso marcaria toda a família que ela estava decidida a construir com o moço alto, bem mais bonito ao vivo.

....

Acima, a foto de estúdio que Antonio Novello mandou para a pretendente em 1956; a jovem Nelida, com a Vespa – *motorino*. Abaixo, Nelida com irmão Totono, inseparáveis

Antonio e Nelida, pose solene no álbum do casamento religioso

O casamento aconteceu cinco meses depois. No dia 5 de outubro, Nelida entrava na Igreja de Nossa Senhora da Glória, no Largo do Machado. Antonio, aos 36 anos, deixava para trás a vida de solteiro cobiçado que levava desde que chegara ao Rio, em 1948, após 22 dias no mar, com o pai, Francesco Novello, a mãe, Scaramella Luisa e a irmã Gemma a bordo de um navio de guerra convertido em transporte de passageiros. Três irmãos já estavam estabelecidos na cidade: o mais velho, Giovanni – que viera duas décadas antes, aos 17 anos –, Ersília e Palmira, ambas casadas. As irmãs que ficaram na Itália – Virginia e Clorinta –imigrariam alguns anos depois com suas famílias.

Logo na chegada, Antonio comprara por um milhão de cruzeiros, em sociedade com o irmão Giovanni, o ponto de um comércio de frutas no Mercado da Praça Quinze. Usou aí todas as suas economias, resultado do salário de *carabinieri* mais o que apurara com a venda da casa da família, em Paola. Em pouco, estavam fornecendo a mercadoria, vinda principalmente da Argentina e do interior de São Paulo, para quitandas, hotéis e restaurantes da cidade. Os irmãos Novello, como ficaram conhecidos, ganharam a confiança geral. Muitas vezes, recebiam em consignação aquelas frutas frágeis, que precisavam ser encaminhadas rapidamente. Era tenso, mas também se brincava, havia cordialidade no ambiente. Assimilaram, rapidamente, o humor carioca e – por que não? – a malandragem em muitos aspectos parecida com o jeitão calabrês.

Saía de casa às duas da manhã, com a marmita, meias de lã para aguentar o frio da madrugada nos meses de inverno. Voltava no fim da tarde, sempre cansado, com um vago aroma de maçãs, figos, uvas. Nas mãos, um pacote de frutas da época. No bolsinho, sempre a caneta com que organizava sua

Comércio de frutas no Mercado São Sebastião: os irmãos Giovanni (à esquerda) e Antonio Novello (à direita), com funcionários

rigorosa contabilidade. Mais tarde, em 1962, com a derrubada da bela estrutura em ferro trabalhado para a construção do Viaduto da Perimetral, o comércio se transferiu para o Mercado São Sebastião, à margem da Avenida Brasil.

O casal havia se instalado, logo depois das alegres bodas, no apartamento de dois quartos pertinho do Largo do Machado, que Antonio comprara com a renda do trabalho diário: dez anos de labuta no Brasil. E, em 31 de julho de 1958, nascia no Hospital da Beneficência Portuguesa, num parto difícil, a primeira dos três filhos: Maria Luisa Novello.

....

O nascimento da menina de pele muito clarinha marcou para Nelida o início de um período de total dedicação à família. Na casa, além do aroma de frutas, pairava constantemente uma sutil e deliciosa nuvem de temperos diversos – azeite, orégano – e dos eternos ingredientes de pratos típicos calabreses: farinha, tomate, aliche, muçarela, o perfumado *parmiggiano*. Pairava também a saudade dos amigos, da família, das ruas e das igrejas.

Do meio da saudade brotavam as cartas, que levavam duas semanas para ir e duas para voltar. Mas que felicidade quando chegavam! E algumas traziam fotografias – suprema alegria.

A saudade de Nelida ia se transformando em histórias – e as histórias, tão saborosas e coloridas, cristalizavam-se em uma espécie de memória não vivida para Maria Luisa e para os filhos que vieram em seguida: Vera nasceu em 1962 e Francisco, dois anos depois. Naquelas histórias, os personagens eram os colegas da escola que Nelida frequentou só até o quarto ano; os cenários mostravam a praia, as montanhas nos passeios de Vespa, o ateliê de costura onde ela trabalhou a partir dos 12 anos, as festas de São João Batista e São Francisco de Paola. De vez em quando, surgiam as lembranças do tempo de guerra, quando a pobreza profunda não impedia o bom humor e a solidariedade entre vizinhos e, finalmente, os sinos repicando em festa no fim do conflito.

Circulando no Largo do Machado, felizes com a primeira filha

Principalmente, transbordava o afeto.

— Com pais e irmãos, não se briga. Nunca! – repetia ela.

Os amigos e a família que chegara antes formavam uma fundamental rede de suporte na sobrevivência nesse novo cantão. Circulavam numa espécie de aldeia, uma San Lucido que não ultrapassava os limites do Catete. Ir para longe, só nas festas religiosas – levou Maria Luisa à igreja de Nossa Senhora da Penha várias vezes, a bordo de promessas para curar uma persistente asma da menina – ou, muito raramente, para visitar parentes que moravam, sob essa perspectiva, "muito" longe: no Estácio, por exemplo.

Sim, o seu país tinha ficado para trás, com suas belezas e tristezas. Quando costurava na cozinha, cantava junto com Peppino di Capri, Rita Pavone, Domenico Modugno. Os ídolos da tela continuavam sendo, e para sempre seriam, os intensos Sophia Loren, Marcello Mastroianni, Gina Lollobrigida, Vittorio Gassman, que ela encontrava no escurinho do cinema, nas tardes com o irmão Totono.

Os olhos se enchiam de lágrimas quando as lembranças passavam, como um filme; mas a falta doída logo se transformava em determinação para construir sua vida nesse Brasil que era o seu futuro. E o futuro das suas crianças. Ponto final.

"Felice di stare quaggiù / Con te", como cantava Modugno em "Nel blu dipinto di blu", ou "Volare", como ficou mais conhecida no ano em que estourou mundialmente, 1958. "Feliz por estar aqui / Com você".

Quando Maria Luisa chegou à idade escolar, não sabia falar o português: ouvia em casa exclusivamente o dialeto calabrês de seus pais e avós, e sua imaginação brincava, solta, num castelo daquela Itália repleta de aventuras. Foi conhecer o idioma na classe de alfabetização.

Ao centro da foto, Maria Luisa com a turma do 2º ano primário: líder desde cedo

NO IPIRANGA

Nelida, apreensiva, levava pela mão sua primogênita. Era o primeiro dia de escola – no Instituto Ipiranga, um colégio pequeno, de bairro. Mas a menina estava em êxtase: entrou, altiva. Adorava a escola, desde o primeiro dia, quando se espantou tremendamente com a prevalência do português no novo ambiente. Mas aprendeu o idioma, e rápido.

O uniforme da aluna, sempre impecável, era arrematado por vistosos laços de fita nos cabelos, capricho de Dona Nelida. E o mais impressionante: Maria Luisa voltava igualmente impecável, mesmo nos dias em que era abatida pela asma. Dizia à preocupada Nelida: "Mãe, se eu piorar, a professora liga". Em geral, aguentava firme.

— Ela encapava os seus cadernos e os dos irmãos com uma precisão industrial, tratava o material escolar com cuidado extremo, até exagerado – conta Vera. – Tinha os bolsos sempre cheios de medalhas por bom comportamento ou pelas melhores notas. Às vezes, mamãe tinha que trocar o bolso com o emblema porque o peso das medalhas acabava rasgando o tecido. Mas ela não saía cantando vitória. Só ficava mais sorridente, satisfeita consigo mesma pelo trabalho bem feito.

Maria Luisa aprenderia o italiano clássico bem mais tarde e jamais deixaria de se divertir comparando o idioma nacional com as palavras do dialeto calabrês. Talvez já intuísse, ali, na experiência pessoal, que culturas diversas são perceptíveis nessas diferenças das línguas.

— Os sons eram os nossos brinquedos – conta Vera. – Nunca deixamos de perseguir nas canções italianas as palavras que eram iguais ou bem parecidas às do dialeto e as que eram totalmente diferentes, e ríamos ao pensar nos sentidos associados a palavras com sons tão esquisitos. A conclusão a que chegávamos era a de que algumas coisas eram intraduzíveis, só poderiam ser expressas no dialeto. Enunciávamos, repetíamos algumas expressões do calabrês e rolávamos de rir.

A habilidade natural para os idiomas vinha desse berço bilíngue e a conduziria às suas grandes paixões: o estudo dos idiomas, a tradução, a literatura e a poesia, a música e as viagens. Um dia, Maria Luisa assegurava, iria visitar a parentada na Itália e o tio Totono, o irmão da mãe que havia emigrado para Chicago em 1964. Em 1970, iria também para os Estados Unidos a tia Lunídia, restando dos Visconti no Brasil apenas Nelida e seu pai Silvio, que foi morar com os Novello no apartamento do Catete.

Por seu turno, Nelida aprendia português com as amizades da vizinhança, no dia a dia da porta da escola, nas festas. Ou melhor... aprendia o suficiente para se comunicar, mantendo o sotaque carregado. Comprou uma máquina de costura para os pequenos consertos da casa e, de vez em quando, aceitava encomendas de conhecidos, para um dinheiro extra sempre bem-vindo. Mas sua extrema habilidade na costura era usada mesmo para copiar modelos das revistas e vestir a família para os casamentos, o Natal, a Páscoa e, principalmente, o aguardado Carnaval, que começava na escolha das fantasias para a criançada. Mas Nelida, craque na tesoura e na agulha, fazia questão de manter as filhas longe da máquina.

— Minha mãe era categórica, não queria que as filhas perdessem tempo com essas habilidades domésticas – lembra Vera. – "Vai estudar! Não tem dever de casa?"... e ela tocava a gente da cozinha ou da beira da mesa de costura. No seu sonho de futuro, as mulheres tinham independência financeira. Nunca aprendemos a fazer talharim nem pizza, o que é uma pena.

A cozinha, aliás, também não havia sido parte da formação de Nelida, que entrara como aprendiz num ateliê de costura aos 12 anos, ajudando a família na época da Guerra. Aprendeu a cozinhar com a sogra e aperfeiçoou as receitas, produzindo incríveis tabuleiros de pizza e de *fraguno*, um pão recheado com ricota e linguiça, além de *cuduriado* – massa frita, para comer quente –, bolos, *biscotti*, doces com ovos, vinho, nozes, mel. Com as vizinhas, descobriu feijão com arroz e incluiu a dobradinha brasileira na mesa da família, sempre às segundas-feiras. Para ajudar a mãe, Maria Luisa organizava num caderno as receitas que se espalhavam pela casa em papéis soltos, de doces brasileiros como quindim e cajuzinho, além de pastel, estrogonofe e uma torta de ricota com passas, ensinada por uma amiga judia; havia receitas de empadão, que no seu dialeto particular virava "batón", para espanto dos visitantes ("Quer aróz con batón?"). Qualquer prato podia ser compartilhado com os amigos da família – os médicos, dentistas, os prestadores de serviços como pintores, pedreiros, porteiros e até os mais pobres, que ficavam pelas ruas e de vez em quando abordavam outros membros da família, perguntando: "A italiana tá aí? Tem macarrão? Ela tá brava hoje? Cadê ela?".

Mas o Brasil entrou mesmo na casa dos Novello com a chegada da televisão. O aparelho era um móvel imponente e trouxe programas de calouros e novelas, que Nelida adorava, junto com os concursos de miss e o Festival de San Remo. Antonio se retirava depois do jornal e as mulheres e crianças seguiam a programação... e a moda. Maria Luisa cortou o cabelo em camadas como as de Tônia Carrero em

"Pigmalião 70", Nelida desenhava modelos a partir dos vestidos das atrizes. A música também ia trazendo novos personagens para a sala: cantores como Orlando Silva, Dalva de Oliveira, Cauby Peixoto, Ângela Maria e Carlos José – o preferido de Nelida, que mandava reinar o silêncio quando o jovem seresteiro aparecia na TV – dividiam espaço com a Jovem Guarda, a princípio sob protesto dos mais velhos. Mas foi só Roberto Carlos ganhar o Festival de San Remo de 1968 com "Canzone per te", de Sergio Endrigo, que a birra sumiu. Já a Bossa Nova, que se tornaria uma enorme paixão de Maria Luisa, não soava seus acordes jazzísticos por ali, apesar da curta distância daquela Copacabana do banquinho, do violão e do Beco das Garrafas. O movimento musical que projetaria o Brasil pelo mundo afora, com João Gilberto, Tom Jobim e Vinicius de Moraes estava verdadeiramente a anos-luz daquele Catete onde a rotina era a dedicação total ao trabalho, movida pelo desejo de segurança que os imigrantes carregam, pela sensação de que todo dia é necessário começar de novo, do zero.

Acima, o primeiro aparelho de televisão da família, com Maria Luisa fantasiada para o Carnaval de 1964. Na página seguinte, Maria Luisa em Chicago: no alto, cercada pelos primos Ana, Daniela, Cláudia, Silvio e Elvira; no centro, em passeio ao lago Michigan; e o primeiro lanche no McDonald's com as primas Cláudia e Ana

Naqueles dez primeiros anos de Brasil, a saudade apertou com força o coração de Nelida. A mãe e os irmãos, só voltaria a encontrar em raras ocasiões. Mas o Novo Mundo tinha cores de esperança e seu impulso era abraçar o novo, aproveitar o melhor, seguir em frente.

Quase 30 anos depois da chegada ao Rio, ao voltar pela primeira vez à terra natal, Nelida – feliz por reencontrar amigos e parentes – confidenciaria a Maria Luisa: "Ainda bem que fui para o Rio de Janeiro. Eu não consigo nem imaginar como teria sido minha vida aqui. Agora eu tenho certeza: o Brasil é o meu lugar."

ITALIANO, PORTUGUÊS, INGLÊS

Tocada para fora da cozinha e para longe da máquina de costura, Maria Luisa via o papel tradicional feminino se acomodar num segundo plano na sua educação, ofuscado pela necessidade de realização social e profissional. Não foram poucas as vezes que embarcou em um ônibus com o pai, em direção a São Paulo, onde ele ia negociar o fornecimento de frutas para sua loja. Aos 11, 12 anos, "adorava aquele ambiente, as conversas do comércio", lembra Vera. Via o pai organizando as compras, as listas, a contabilidade, na ponta do lápis – ou da esferográfica que não deixava o bolso da camisa.

E sua cumplicidade com a mãe era profunda.

Para Antonio e Nelida, a ideia de legar um patrimônio para os filhos era, acima de tudo, a de dar eles uma boa educação.

O aprendizado do inglês, que ganharia um enorme espaço na vida de Maria Luisa e garantiria uma vantagem profissional inquestionável, não demorou a chegar.

— Não sei quando, nem como, mas um dia chegou lá em casa a notícia de que estudar inglês era fundamental; minha mãe comprou a ideia, provavelmente com todo o apoio da Luisa; como tínhamos parentes nos Estados Unidos, acho que ela via alguma possibilidade de um dia também ir para lá, embora meu pai nunca tenha pensado em deixar o Brasil – aponta Vera. – Quando a Lu foi para os Estados Unidos pela primeira vez, com 17 anos, orgulhava-se de poder se comunicar com os primos em inglês. Voltou maravilhada.

A visita aos parentes em Chicago está registrada em fotos amareladas pelo tempo. Ali, Maria Luisa é uma mocinha sorridente, entusiasmada, cercada pelos tios e primos, em 1976. A vivência, possivelmente, marcou fundo a adolescente. Nas imagens, aparecem os tios Totono e Franca, pais de Elvira, Daniela e Silvio, e os tios Lunídia e Antonio Fuoco, pais de Anna e Claudia. É muito provável que ali tenha se consolidado o carinho pela parte da família estabelecida longe, tão forte na mãe, e florescido o fascínio pela cultura norte-americana que povoou a vida de Maria Luisa, e que seria potencializado pelas oportunidades profissionais e pessoais alguns anos mais tarde. Foi um mês marcante.

— Luisa era profundamente focada nos estudos. Era a parte mais importante da vida dela, que tinha um grande orgulho dos feitos escolares – garante Elvira, a prima com quem Maria Luisa trocava cartas desde cedo, já em inglês. – Ela escrevia espetacularmente bem e começamos a nos corresponder quando eu tinha 13 anos e ela, 15, antes mesmo de nos conhecermos pessoalmente. E nunca paramos de nos escrever.

As duas primas estreitaram o laço afetivo ao se encontrarem nessa primeira visita à família em Chicago.

DA ESCOLA MÉXICO À UNIVERSIDADE

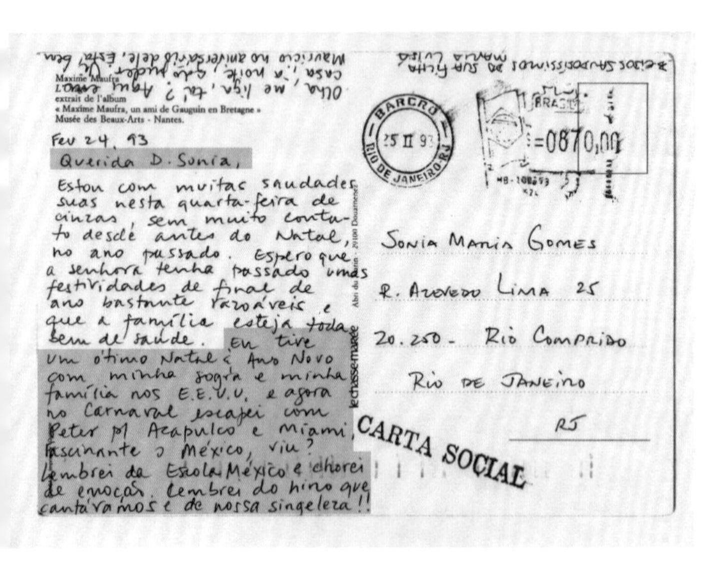
Maxime Maufra
extrait de l'album
« Maxime Maufra, un ami de Gauguin en Bretagne »
Musée des Beaux-Arts - Nantes.

Fev 24, 93
Querida D. Sonia,
Estou com muitas saudades suas nesta quarta-feira de cinzas, sem muito contato desde antes do Natal, no ano passado. Espero que a senhora tenha passado umas festividades de final de ano bastante razoáveis e que a família esteja toda bem de saúde. Eu tive um ótimo Natal e Ano Novo com minha sogra e minha família nos E.E.U.U, e agora no Carnaval escapei com Peter p/ Acapulco e Miami, fascinante o México, viu? Lembrei da Escola México e chorei de emoção. Lembrei do hino que cantávamos e de nossa singeleza!!

Sonia Maria Gomes
R. Azevedo Lima 25
20.250 - Rio Comprido
Rio de Janeiro
RJ

CARTA SOCIAL

Fev 24, 1993
Querida D. Sonia:
Tive um ótimo Natal e ano-novo com minha sogra e minha família nos EUA.
E agora no Carnaval escapei com Peter para Acapulco e Miami.
Fascinante o México, viu? Lembrei da Escola México e chorei de emoção!
Lembrei do hino que cantávamos e da nossa singeleza!
Beijos saudosíssimos da sua filha
Maria Luisa

A Escola Municipal México fica numa pequena casa hoje pintada de amarelo, na Rua da Matriz, uma transversal da movimentada Rua Voluntários da Pátria, em Botafogo. Foi ali que, em 1970, na passagem dos 11 para os 12 anos, Maria Luisa encontrou uma jovem professora de Português, formada no ano anterior e enfrentando sua primeira turma: Sonia Gomes. Em quatro anos de convivência, as duas desenvolveram um afeto que durou a vida toda, uma ligação tão forte que passaram a se tratar, mais tarde, por "mãe" e "filha". Os laços de fita nos cabelos continuavam vistosos; os trabalhos de redação se destacavam dos demais.

— Parecia que tinha nascido *lady* – assegura Sonia, olhos marejados durante todo o depoimento, cercada pelas dúzias de cartas, cartões de aniversário e lembranças da convivência que nunca cessou. – Da turma que seguiu da quinta à oitava série, ela era sem dúvida a líder. Foi a melhor aluna que eu tive, era brilhante. Aos 11 anos, ela já tinha o talento de lidar com as pessoas, de se articular de uma maneira tranquila; ninguém dizia "não" para ela. Tinha luz própria.

Sonia não foi uma professora comum ("Eu era maluquete"): levava os alunos ao teatro, fazia reuniões em casa, apresentava os clássicos da Literatura, propunha temas inovadores, mostrava os melhores trabalhos dos alunos a professores universitários.

— Uma vez, um trabalho da Luisa sobre "O riso", de Henri Bergson, ficou tão bom que circulou entre os professores de Letras da UFRJ; já era uma abordagem de crítica literária e de análise muito madura. Outro trabalho que chamou a atenção foi uma ponte entre as obras de Carlos Drummond de Andrade e de Chico Buarque. Ela escrevia muito, muito bem, e desde o início fiquei impressionada pela facilidade e fluência com que ela se comunicava.

A conjunção entre carisma, afeto, capacidade intelectual, determinação, altos padrões e ambição estava, segundo a professora, delineada com nitidez naquela Maria Luisa adolescente.

No segundo grau, cumprido no Colégio Estadual Ignácio Azevedo do Amaral, no Jardim Botânico, e depois no Colégio Bahiense, onde Maria Luisa foi se preparar para o Vestibular, não perderam contato.

Em 1970, o Brasil ganhou a Copa o Mundo numa final emocionante contra a Itália. O time inesquecível incluía Pelé,

Tostão, Rivellino e tantos jogadores da era do futebol-arte, de um Brasil que ia "pra frente" em meio ao autoritarismo do governo militar que prometia o milagre econômico. Na escola, isso se traduzia em aulas de Moral e Cívica e numa crescente decadência do ensino público que preocupava a aluna brilhante bem mais do que a política nacional.

Formatura da turma de Bacharelado em Letras da PUC-Rio. Cerimônia no Golden Room do Hotel Copacabana Palace. Ao lado de Maria Luisa, as amigas Teresa Roman (à esquerda), Lídia Tannure e Tânia Gastão Saliés

Não foi surpresa para a família quando Maria Luisa – leitora voraz, apaixonada por idiomas – escolheu cursar a Faculdade de Letras, na PUC, a Pontifícia Universidade Católica, na habilitação Português/Inglês e Tradução. Foi aprovada no Vestibular na virada de 1976 para 1977. Nos últimos anos de faculdade, trabalhou como secretária numa

pequena empresa que ficava no mesmo bairro, a Gávea – a Prascon Assessoria, ligada ao fomento de projetos de agricultura, granja e pecuária do governo da Nigéria – para pagar o curso na instituição particular.

Teresa Roman foi uma das alunas que mais se aproximaram da tranquila Maria Luisa:

— Formávamos o grupinho das estudiosas, com Lídia Tannure e Tânia Gastão Saliés, em contraste com o pessoal que vivia a pesada política estudantil da época. Também éramos diferentes das meninas que iam só fazer desfile de moda.

Lídia assegura que a colega tinha um calo no dedo de tanto escrever.

— Nós copiávamos até o suspiro do professor nos nossos cadernos – ela, mais que todas. – Maria Luisa escrevia com uma rapidez impressionante. E que caligrafia impecável!

A alegria e a dedicação de Maria Luisa na faculdade são a lembrança unânime. O seu trabalho de final de curso foi uma tradução para a Editora Record que acabou sendo publicada: o livro "A ressurreição de Cristo", de O.G. Mandino, autor *best-seller* de "O maior vendedor do mundo". Nos preparativos para a formatura, em dezembro de 1980, valeu-se da habilidade da mãe na máquina de costura para copiar um vestido de festa comprado pela amiga Lídia. Ambas estavam planejando fazer uma especialização que a Pontifícia Universidade Católica acabara de abrir: um curso de extensão para qualificação em Secretariado Executivo.

Não deu tempo de procurar a especialização: a moça bonita e sorridente começaria em dois meses a encontrar seu destino de empreendedora. Em fevereiro de 1981, um anúncio de jornal mudaria a vida de Maria Luisa Novello: o McDonald's Brasil procurava uma secretária bilíngue para o presidente.

Capa do livro traduzido por Maria Luisa como trabalho de final de curso e publicado pela Editora Record

2

O BANCO DA KOMBI

FEVEREIRO, 1981

Manhã de domingo. Maria Luisa andava considerando, seriamente, fazer mudanças profissionais. Podia procurar com calma: afinal, ela já estava trabalhando. Mas sua intuição dizia que já tinha cumprido o ritual do primeiro emprego. Agora, era hora de pensar em um salário melhor para poder ajudar a família. Além disso, não vislumbrava nenhum potencial de crescimento na pequena empresa de exportação onde estava como secretária havia quase dois anos. Queria um lugar com mais visibilidade no mercado. Uma empresa na qual pudesse investir sua energia, aprender e avançar. Um desafio, enfim.

Naquela manhã, como em tantas outras nos últimos finais de semana, olhava a seção de classificados sonhando encontrar aquela oportunidade. Um anúncio chamou sua atenção: o McDonald's estava recrutando uma secretária executiva com fluência em inglês. Era isso mesmo? Era. Sem hesitar, recortou o anúncio com capricho. Se fosse chamada, daria um jeito de marcar a entrevista bem cedo ou no horário de almoço. Não deixaria de se candidatar à vaga no McDonald's por nada neste mundo.

O anúncio que tanto impressionou Maria Luisa deve ter passado despercebido para muitas das possíveis candidatas. Naquele início dos anos 1980, pouca gente no Brasil conhecia o McDonald's ou, pelo menos, acompanhara a chegada da marca, com a abertura da primeira loja na Rua Hilário de Gouveia, em Copacabana, e depois no supermercado

Carrefour, na Barra. Mas Maria Luisa conhecia bem a maior cadeia de restaurantes *fast-food* dos Estados Unidos.

Ela experimentara os hambúrgueres quando adolescente, na primeira vez que foi aos Estados Unidos, nas férias de julho de 1976, para visitar os tios Totono e Franca em Chicago. Lembrava-se de ter passado muitas vezes pela sede da empresa, que ficava a uns 15km da casa dos tios.

A hora de tentar a mudança havia chegado e levou o currículo para o endereço anunciado: Rua Barão do Flamengo, 32.

Nos primeiros tempos do McDonald's: vestindo a camisa. Uma parada na trilha na Pedra da Gávea. Ao fundo, o irmão Francisco.

Era um prédio residencial e ficava a um quarteirão do apartamento onde Maria Luisa morava com a família desde que tinha nascido. Percorreu a pé aquelas ruas, suas velhas conhecidas, na divisa dos bairros do Flamengo e do Catete. Quantas vezes tinha passado em frente àquela portaria indo para o Aterro! O edifício não lembrava em nada a imponência da sede em Chicago. O pequeno escritório ficava no quarto andar; o hall do apartamento servia de recepção.

Maria Luisa notou ali um móvel esquisito, que saltava aos olhos em meio ao ambiente de escritório, todo ele muito simples, por sinal. Um sofazinho que mais parecia de segunda mão, ou terceira... Era um banco de Kombi, gasto, esverdeado. Ali se sentava quem estava aguardando atendimento.

Acomodada no banco, esperava para ser entrevistada por Tânia Hernandes, a responsável pelo Departamento de Pessoal na época. Curiosa, conseguiu logo descobrir o mistério do estranho móvel: ficou sabendo que o banco ganhava sua função de mobiliário na recepção sempre que a Kombi era utilizada no abastecimento das lojas. Mas que também voltava para a Kombi quando era preciso levar algum funcionário em casa.

Maria Luisa entendeu logo. O aproveitamento era coerente com o espírito de economia que a empresa incorporava em seus tempos inaugurais no Brasil, visível ali nas mesas e cadeiras de brechó. O McDonald's brasileiro tinha três lojas em funcionamento, a de Copacabana, a do Carrefour, supermercado na Barra da Tijuca, e a da Avenida Rio Branco; mas, ela ficou sabendo então – curiosa, curiosa -, estava prestes a abrir a quarta, também no Centro do Rio.

— Para disputar a vaga de secretária executiva bilíngue oferecida pelo McDonald's, chegavam mulheres arrumadíssimas, de salto alto – diverte-se Tânia Hernandes. – E não era esse o perfil que procurávamos. A empresa estava no início, éramos todos uns desbravadores, meia dúzia de gatos pingados e todo mundo fazia de tudo.

Os "gatos" daquele momento eram a própria Tânia, vinda da Coca-Cola; Giancarlo Zanolini, engenheiro de apenas 22 anos, que vinha tratando da construção das lojas; uma jovem encarregada do Marketing, Andrea Gesser; o diretor financeiro, Manuel Cerqueira – e, claro, o presidente, Peter Rodenbeck. O americano que tinha se dedicado ao desafio de trazer o McDonald's para o Brasil atuava como homem dos sete instrumentos em operações, logística e o que mais fosse preciso.

Ao ser chamada, Maria Luisa encarou Tânia com firmeza e abriu um sorriso encantador – sua marca registrada desde menina. Estava de jeans, e tratou de contar suas experiências prévias com muita naturalidade. Conversaram. Tânia adorou.

— Estava difícil achar a secretária – ela conta, mais de 30 anos depois. – Não aparecia ninguém que se enquadrasse no perfil e que tivesse também o espírito, digamos, "esportivo" que aquele momento exigia. Olha, nos apaixonamos uma pela outra quando ela entrou no escritório, muito viva, falante, achando tudo o máximo. E com um inglês mais do que perfeito.

Uma segunda entrevista foi marcada para dali a alguns dias e já seria com Peter Rodenbeck. De novo, era hora do almoço; a moça, radiante num macacãozinho amarelo, mais tarde se diria envergonhada pela informalidade do traje.

— Avisei a ela para vir bem vestida, mas não arrumadíssima – assume Tânia. – E fiquei na torcida.

Aquele chefe não era o que Maria Luisa esperava encontrar. Em vez de um executivo típico, de terno e gravata, ela viu um homem vestido de modo casual, com olhos de um azul indefinido, que falava pausadamente, num ritmo que muitas vezes deixava o interlocutor na dúvida: será que ele estava buscando as palavras certas em português? Ou tentando encontrar o termo exato para traduzir o seu pensamento de forma bem objetiva?

Não foi uma conversa breve, muito pelo contrário. Maria Luisa, atenta, perceberia depressa a enorme determinação daquele *boss*. E a curiosidade acendeu. Pensava, enquanto trocava ideias e dava informações sobre si mesma: por que, afinal, Peter escolhera o Brasil? Vinham à sua mente as circunstâncias da própria família, que havia migrado no pós-Guerra, escapando da Europa empobrecida. Era o que se chamava "fazer a América". Mas os Estados Unidos, um país desenvolvido, cheio de oportunidades de trabalho...! Por que sair quando tanta gente queria justamente ir para lá?

No escritório da Rua Barão do Flamengo

Ouviu atentamente quando Peter disse que McDonald's era uma empresa internacional, sólida, que estava chegando com planos de forte expansão. Ou seja, havia muito – MUITO – a fazer. O coração de Maria Luisa se alegrava: grandes objetivos, persistência, desafios... isso era música para seus ouvidos. Ela precisava fazer o chefe perceber o quanto estava disposta a trabalhar ali.

O cargo, disse Peter, exigia, além do inglês de primeira linha, uma postura muito firme, conhecimentos da cultura da empresa. E trabalho duro. Maria Luisa rebatia, falando de sua formação sólida, de seu projeto final na faculdade – a tradução do livro de O. G. Mandino – e do muito que vinha fazendo na pequena empresa onde estava empregada. Queria, mais que tudo, mostrar-se destemida, garantir que não mediria esforços para superar dificuldades, pronta a aprender o que quer que fosse e a assumir responsabilidades.

Natural, cheia de energia, convincente, disponível para a labuta intensa – Maria Luisa torcia para que Peter percebesse tudo isso na entrevista. Era importante, sim, ganhar melhor. Mas era muito mais importante estar num lugar onde poderia aprender, investir, crescer, ir além.

Concordaram: trabalhar no McDonald's Brasil era para alguém que estivesse disposto a abraçar aquele projeto com dedicação total. E a longa conversa chegou ao fim, sem que

Maria Luisa fosse informada da decisão. Peter, com tantos afazeres e problemas a enfrentar, parecia um pouco distante. Conduziu a moça até a porta e voltou, devagar, até a mesa de Tânia. Ela sentiu receio no chefe.

— Não serve, Tânia, é muito menina – disse Peter, voltando para o seu escritório. – Vamos esperar por outras candidatas.

Tânia foi atrás.

— Mas, Peter, é de alguém assim que nós precisamos, alguém jovem, com garra, muito fluente em inglês...

Maria Luisa deixara uma impressão forte em Tânia, que apostava naquela contratação – a jovem, estava claro, queria muito aquela vaga. A experiente Tânia sabia que a disponibilidade e o entusiasmo contavam muito, quando combinados com os talentos específicos. Por isso, bateu o martelo e enfrentou um receoso Peter.

— Eu falei: assumo a responsabilidade – lembra Tânia. – Tive que fincar pé, em parte porque não aguentávamos mais secretariar o chefe, mas principalmente porque eu acreditava mesmo na competência da Lu.

Um close capturado por Peter Rodenbeck, no cotidiano do escritório

O ocupadíssimo Peter Rodenbeck acabou cedendo. Maria Luisa entrava para um time aguerrido, que sacrificava até a vida pessoal em prol de uma realização – concreta, mas ainda sem recompensa imediata. Aquele americano que vivia e trabalhava sem luxos nem desperdício apostava no trabalho duro. Isso combinava com ela. Acertou a saída da empresa nigeriana e entrou no meio da semana – era uma quarta-feira – já disposta a trabalhar de segunda a segunda. O primeiro sábado, inclusive, tinha expediente acertado – e só não foram todos para o escritório porque o chefe baixou hospital:

havia levado um tombo da motocicleta com que se locomovia e quebrara a clavícula. Dispensou a turma.

Divorciado, aos 42 anos de idade, Peter optara por levar uma vida muito simples, sem luxo, num apartamento de quarto e sala na Rua Voluntários da Pátria, em Botafogo, um dos locais mais movimentados da cidade. No prédio de classe média, com farto e popular comércio no térreo, o gringo era o "Seu Rolembergue".

"Ela achou o futuro chefe muito charmoso no primeiro dia", revela Teresa Roman, colega de faculdade de Lu, em depoimento por e-mail. Elvira Visconti, também em Chicago, continuava recebendo as cartas da prima brasileira.

— Luisa me escreveu logo que conheceu Peter, contando como ele era inteligente. Acho que ficou fascinada, de cara, pelo seu tino para os negócios. Peter foi uma inspiração a partir daí; aquele impacto definiu seu rumo como mulher de negócios bem-sucedida. Ele a fez desejar ir adiante, querer mais, fazer mais – contaria ela, em lembrança amorosa.

Estava dada a largada, entre os arcos e a Kombi.

3 SORRIDENTE, MULTIATAREFADA, GERENCIANDO TUDO

O McDONALD'S BRASIL CRESCE

De joelhos. Foi assim que Maria Luisa passou o Carnaval de 1981. Promessa? Castigo? Não, ela estava até se divertindo, em companhia de Peter Rodenbeck, o presidente do McDonald's Brasil, e do engenheiro Giancarlo Zanolini. Os três de joelhos, nos dias de folia, raspando diligentemente o chão da quarta loja brasileira, prestes a ser inaugurada: na Cinelândia, Centro do Rio de Janeiro.

Era uma emergência. A obra vinha célere, sob a supervisão de Giancarlo, estava quase tudo pronto quando a matriz resolveu solicitar uma alteração no projeto de mobiliário. E, no novo projeto, as mesas e cadeiras passariam a ter apenas um ponto de sustentação, fixadas no piso por uma coluna metálica. A intenção era facilitar a limpeza do chão e otimizar o trabalho – palavras mágicas no sistema coordenado de funcionamento da empresa, em busca permanente de maior eficiência e mais agilidade.

— Eu disse 'ok', mas não fazia a menor ideia de como iria furar o chão àquela altura – lembra Giancarlo. – Saí dirigindo a esmo, matutando. De repente, vi numa obra de rua um operário furando o concreto, usando uma máquina do tamanho de um automóvel.

Ninguém acreditou a princípio que o equipamento entraria na loja. Tiveram que desmontar uma parte da máquina e adaptar o funcionamento para colocar o trambolho porta adentro. A muito custo, conseguiram. A solução improvisada deu certo, os furos foram feitos e, para fixar o mobiliário ao chão, a equipe improvisou de novo: usaram massa epóxi.

Quando Maria Luisa entrou no local da obra, botou as mãos na cabeça, horrorizada. A massa para fixar havia transformado o imaculado piso da loja numa superfície totalmente manchada.

— O chão parecia uma pele de zebra – conta o engenheiro.

Era véspera de Carnaval, a inauguração estava marcada para a Quarta-Feira de Cinzas, dia 4 de março, e o desastre era iminente: avaliou-se que seriam necessários pelo menos oito dias para raspar tudo. Aí entrou Maria Luisa na conversa.

— Vamos fazer em três dias – ela bancou.

— Impossível, Lu: não tem quem trabalhe nessa época – retrucou Gian.

— Vamos nós, então.

Rasparam o chão da loja, centímetro por centímetro, enquanto do lado de fora os carnavalescos passavam cantando marchinhas. E o restaurante abriu no dia marcado: Quarta de Cinzas, 4 de março. Impecável.

Acima: Maria Luisa experimentando um uniforme de balcão. Atrás dela, à direita, Ivaldo Nolasco. Abaixo: Maria Luisa entre colegas como Rosane Aleixo e Monica Lucena

....

A contratação de Maria Luisa, que havia sido rapidíssima, aconteceu um pouquinho antes desse episódio. Começava a nova etapa.

No escritório da Rua Barão do Flamengo – perto de casa! –, Maria Luisa agora ficava na mesa da recepção, de frente para o banco da Kombi, onde se sentavam fornecedores e empregados. Não demorou muito para que a moça de olhar luminoso dominasse funções básicas e contatos imediatos.

Ivaldo Nolasco, arquiteto, também foi contratado no primeiro semestre de 1981 – ele ficaria na empresa até 1988 – e passou pelo banco.

— Lá estava eu, esperando a entrevista final. Luisa, percebendo minha ansiedade, puxou uma conversinha para me acalmar. Acho que ela, também recente na empresa, se colocou

Pouco espaço e muito trabalho de organização no escritório da Barão do Flamengo

no meu lugar. De repente chega um senhor meio calvo, calça jeans surrada e atende, falando em inglês, a um telefonema no ramal dela. O cara sentou em cima da mesa, colocou os pés na cadeira. Eu ia pensando: "Ai de mim se eu faço uma coisa dessas". Ele saiu e comentei com ela: "Sujeito abusado, hein?"... Luisa, então, dona daqueles olhos muito vivos e expressivos, assumiu a postura de quem vai falar um segredo. Com um sorriso maroto, de duas covinhas no rosto, me falou: "Esse é o Peter, nosso *big boss*". Aí, eu caí do cavalo!

Outro que tomou chá de banco foi o inglês, nascido no Brasil, Norman Baines. Aos 30 anos, passara por aventuras que incluíam empresariar turnês de rock, viver de artesanato, editar a primeira versão da revista "Rolling Stone" em português e gerenciar o Hard Rock Café de Londres. Numa das passagens pelo Brasil, decidiu se candidatar a *trainee* de gerente do McDonald's – e bateria 250 candidatos. Mas, antes, esperou quatro – quatro! – horas no sofá-Kombi. Sorte dele que Maria Luisa estava por perto.

— Foi uma química imediata, uma mágica o que se deu ali – garante Baines, que seria, pela vida afora, executivo de diversas empresas do setor de alimentação. – Saí da entrevista com Peter e ela estava me esperando, sorriso aberto, perguntando: "Quando você começa?".

Norman Baines no início da carreira na rede

Norman seria um dos funcionários mais arrojados do McDonald's. Em dois meses sairia de *trainee* para gerente. Mais tarde, assumiu a movimentadíssima loja da Avenida Rio Branco, Centro do Rio – aquela terceira a ser inaugurada –, implementando ali com Peter Rodenbeck os pilotos de inovações que catapultaram o McDonald's na preferência popular, como o *corner* de sobremesa separado do caixa principal ("Ninguém precisava voltar para a fila, perdendo um tempo precioso da hora de almoço, nem comprar o sundae junto com o sanduíche. Peter topou e foi um sucesso").

Maria Luisa decidira fazer daquela mesa de recepção uma

barricada... ao inverso. Era seletiva, mas dava espaço para aproximação. Carlos Frascari, que estava iniciando um caminho como autônomo na área de *silk screen* fazendo cartazes e peças gráficas, insistia em oferecer seus serviços.

— A moça que ficava lá sistematicamente me barrava. Quando Maria Luisa chegou, me fez esperar três horas, mas fui finalmente recebido por Peter, que me encomendou logo alguns cartazes. Nossa relação profissional foi crescendo, passei a fabricar os *pins*, que aliás forneço até hoje para o Outback.

Frascari se diverte com a lembrança de uma das passagens que viveu ali, na recepção.

— Vi o treinamento de uma nova secretária/telefonista; mesmo ainda de disco, o aparelho GTE era dos mais modernos, com quatro teclas para as três linhas existentes. Luisa começou a explicar – e imediatamente as três tocaram ao mesmo tempo. Sorrindo, como se estivesse olhando a pessoa no outro lado, disparou "McDonald's, um instante", pegou a segunda, a mesma coisa, atendeu a terceira em inglês, passando a ligação para um dos ramais. Voltou à primeira, resolveu, retomou a última e olhou candidamente para a menina, a esta altura visivelmente apavorada (e mentiu): "Não é sempre assim...".

No apartamento-escritório da Rua Barão do Flamengo, a atividade aumentava freneticamente.

O IMPÉRIO DO HAMBÚRGUER

O hambúrguer hoje é, digamos, um prato típico americano. Mas, como o nome sugere, chegou à América trazida por imigrantes alemães, vindos, obviamente, de Hamburgo. O primeiro registro do sanduíche está num cardápio de 1836: o restaurante Del Monico's, em Manhattan, oferecia a carne moída, temperada e grelhada, no formato de almôndegas achatadas, dentro do pão. Mas a indústria da alimentação rápida se construiu em torno do hambúrguer a partir do início do século XX, embalada em circunstâncias curiosas. Um jornalista de Baltimore, Upton Sinclair, fez em 1905 uma reportagem-denúncia sobre as condições sub-humanas de trabalho e de higiene das fábricas de carne processada. A indignação e a rejeição ao produto foram gerais.

Só 15 anos mais tarde uma dupla de empreendedores decidiu enfrentar a ainda persistente onda de rejeição com a criação de um empreendimento que sugeria, em todos os detalhes, limpeza e cuidado. Nascia em 1921 o White Castle, no Kansas, que, além de paredes e chão imaculados, abria a cozinha para o salão para conquistar a confiança do consumidor. Mais: criaram um sistema milimetricamente ajustado, nos parâmetros da linha de montagem concebida por Henry Ford para a indústria automobilística, com um passo a passo na preparação dos sanduíches e um produto *standard*, igualzinho e com serviço rápido e eficiente, esvaziando os temores de contaminação. Foi um sucesso. Muitas filiais foram abertas e o negócio prosperou, criando inclusive cadeias de fornecedores de suprimentos e equipamentos. O segredo da confiança era a uniformidade; e o segredo da uniformidade estava no treinamento.

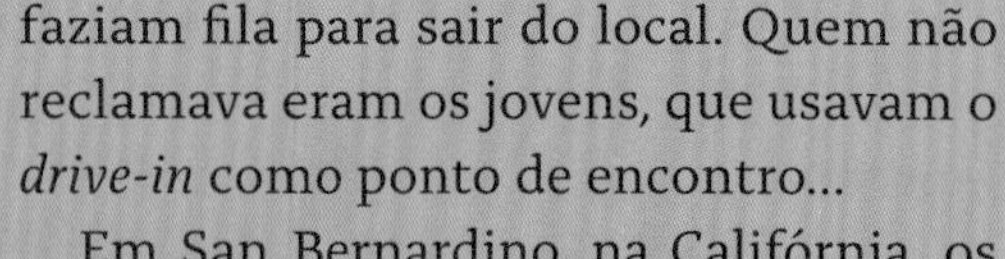

Mas o modelo de restaurante rápido que dominava o país nos anos 1950 era o *drive-in:* uma cozinha central atendia os clientes que estacionavam seus carros junto a telefones. Os estabelecimentos no esquema *drive-in* eram produto das mudanças urbanas e, em especial, do crescimento da indústria automobilística e da malha viária. As garçonetes, chamadas *car hops*, traziam os pedidos a cada carro e coletavam o pagamento. Mas o sistema era atravancado: pedidos que demoravam, carros faziam fila para sair do local. Quem não reclamava eram os jovens, que usavam o *drive-in* como ponto de encontro...

Em San Bernardino, na Califórnia, os irmãos Richard (Dick) e Maurice (Mac) McDonald abriam em 1948 seu segundo restaurante, especializado em hambúrguer, para se aproximar do sistema de eficiência, rapidez e uniformidade no setor de restaurantes, a exemplo do White Castle. Mas aperfeiçoaram o conceito. Eliminaram, por exemplo, as *car hops*: o cliente que parava seu carro na porta ia, diretamente, a balcões e janelas. Isso acelerava o processo. O menu era limitado e a operação, mecanizada e com pratos de papel. A eficiência permitia preços bem competitivos, em consonância com a contenção geral no pós-Guerra – hambúrgueres a 15 centavos de dólar, malte batido a 20 centavos e batatas fritas a 10 centavos. Era quase um *self-service.* O negócio foi engrenando aos poucos e prosperou.

Em 1954, entra nessa história o mítico empreendedor Ray Kroc, o filho de imigrantes tchecos que efetivamente transformou a indústria de *fast-food* num império mundial. Aos 50 anos, era um vendedor excepcional e representava máquinas de milk-shake que batiam cinco copos da bebida ao mesmo tempo. Depois de uma década inteira cruzando o país, conhecendo centenas de restaurantes e *soda fountains* – as lanchonetes da época –, percebeu que os vetores do consumo estavam mudando, basicamente porque numerosas famílias

trocavam as cidades pelos subúrbios, esvaziando as lanchonetes urbanas. Na direção oposta, chegou às mãos de Kroc um pedido de oito máquinas para um mesmo ponto. Ou seja, alguém precisava bater 40 milk-shakes rapidamente! Ao checar, pessoalmente, a razão do sucesso daquela pequena cadeia de restaurantes na Califórnia, Ray Kroc vislumbrou o alcance da ideia dos irmãos McDonald. Viu as possibilidades da tal combinação de cardápio padronizado, sistemas de funcionamento eficientíssimos, serviço rápido e rigorosa limpeza. Só faltava uma agressiva política de expansão na base do *franchising*, ideia que os irmãos refutavam – e que Ray Kroc propôs gerenciar, em troca dos direitos exclusivos do sistema de franquias. O negócio foi fechado. O primeiro McDonald's da era Kroc foi aberto em abril de 1955 em Oak Brook, o subúrbio a 34km de Chicago onde o empreendedor nasceu.

A disseminação dos restaurantes foi explosiva. Kroc e os irmãos, a princípio, recebiam um percentual das vendas brutas; em pouco tempo, a fórmula mudou: a matriz abriu uma empresa imobiliária para alugar as instalações aos franqueados por preço fixo ou percentual de vendas, o que fosse maior. Sucesso total. Em 1961, Kroc comprou a parte dos McDonald.

Em 1965, abriu o capital na Bolsa de Valores. Em 1967, inauguraram a primeira loja fora do país, no vizinho Canadá, seguindo-se Costa Rica (1970), Japão, Holanda, Austrália, Alemanha (1971), Inglaterra (1974). No final dos anos 1970, a rede era a maior do setor alimentício no planeta com 1.500 restaurantes operando no mundo, transitando, desde

foto WikimediaC

Ray Kroc em 1976

então, além e acima das linhas geográficas e políticas – o McDonald's aportaria na Rússia em 1990 e no Iraque em 2006.

Kroc faleceu em janeiro de 1984, quando uma loja era aberta a cada 17 horas. Até hoje, nenhum concorrente arrebatou do McDonald's a merecida coroa de hambúrgueres como marca referencial dos serviços de *fast-food*.

Ray Kroc não inventou nada. Era um vendedor com aguda percepção de oportunidades e um sistematizador, com visão de longo termo e em grande escala. A partir do conceito inicial, aperfeiçoado pelos irmãos McDonald, desenvolveu o que chamou de "The McDonald's Method", conjunto de regras expressas em um manual de 75 páginas onde todos os processos são exaustivamente descritos – tais como "os hambúrgueres têm exatamente 45 gramas, servidos com 7g de cebolas". O manual regulava todos os procedimentos cotidianos, incluindo a limpeza do chão.

Em 1961, Kroc – com Fred Turner ao lado, seu imediato no poder e seu

foto Bruce Marlin/WikimediaC

Réplica do primeiro restaurante franqueado, aberto em 1955 em Des Plaines, Illinois. Restaurado, é hoje um museu do McDonald's

sucessor – inaugurou um centro de treinamento no porão do restaurante em Elk Grove Village, Illinois; o centro se mudou, em 1983, para um grande prédio próprio em Oak Brook – a Universidade do Hambúrguer. Ali, "estudantes" de todos os cantos do planeta se formam em Hamburguerologia, curso de uma semana com foco em liderança, desenvolvimento de equipes e gerenciamento de operações. Hoje em dia, o Brasil sedia um dos 22 centros – Universidades do Hambúrguer – em funcionamento mundo afora.

O primeiro McDonald's da América do Sul foi aberto numa rua interna de Copacabana, a Hilário de Gouvêia, em 13 de fevereiro de 1979, por Peter Rodenbeck, um americano que começou a se apaixonar pelo Brasil em 1958, ano em que Maria Luisa Novello nascia no Rio de Janeiro.

Em pouco tempo, Maria Luisa dominou todas as funções de gerência do escritório e passou a representar um ponto de apoio fundamental. Sentada à sua mesa na recepção, exercitava um talento que muito mais tarde seria batizado de *multitasking*, a capacidade de fazer várias coisas ao mesmo tempo, e bem feitas. Ainda aproveitava as brechas para estudar gráficos, planilhas e projeções financeiras, apreendendo uma linguagem avançada de negócios. Curiosa, curiosa. Interessada. Aquele não deixava de ser um idioma a ser compreendido e traduzido.

Já em 1981, o McDonald's Brasil se dividiria em dois por iniciativa da empresa matriz. Peter Rodenbeck, com a sua Realco, ficaria responsável pelo Rio de Janeiro e pelos estados ao Norte, incluindo Belo Horizonte e Brasília. Para São Paulo/Sul, entrava em cena com a Restco Gregory Ryan, americano nascido no estado de Nova York, vindo da direção da cadeia Jack In The Box no país e indicado pelo próprio Peter. Com Greg, viria como lugar-tenente Marcel Fleishmann.

— Era incrível a eficiência de Maria Luisa, mesmo sem

muitos recursos e com equipe mínima, sabendo priorizar – atesta Marcel, que 15 anos mais tarde chegaria à presidência do McDonald's Brasil e do McDonald's da América Latina, onde ficou até 2005. – Ela tinha a presença certa, a palavra exata para encerrar o assunto, ao contrário de mim, que gastava muita energia discutindo tudo.

Entre as demandas do Rio e as necessidades de integração com a rede em São Paulo, Maria Luisa servia de apoio na conciliação de estilos: o Peter empreendedor, dono de um faro fino e de uma visão financeira espetacular, com o Gregory que olhava a empresa em grande escala e em ritmo de urgência ("Gregory nos preparou para sermos grandes, e esses louros cabem a ele, sem dúvida", diria Peter muitos anos mais tarde). Marcel atuaria nessa intermediação.

Um abraço de Ronald McDonald, o personagem voltado para o público infantil

— Acabei na coordenação da cadeia de suprimentos para otimizar as compras e atender a todos e foi aí que tive a melhor aliada possível: Maria Luisa – diz Fleishmann.

Quem também acabou trabalhando na ponte aérea de Realco e Restco foi o indiano Ragninder Singh Rekhi, que havia sido colega de Greg Ryan na Universidade de Cornell, em Nova York. Rekhi assumiu a área de *supply chain* e rapidamente passaria a trabalhar também com Peter e Maria Luisa, no Rio.

— Ela estava sempre sorridente – conta ele em 2012, por Skype, da Índia. – Nessa época, havia seis restaurantes em São Paulo, sete no Rio e nosso maior desafio era convencer os fornecedores a investir numa rede ainda tão pequena. Ligávamos para uma fábrica pedindo, por exemplo, o molho do Big Mac, mas tinha que ser daquele jeito, sempre exatamente igual. Ouvíamos: "E você quer que a gente pare tudo para fornecer 50kg?"... Éramos os atrevidos, fazendo demandas de compras sem ter quantidade para justificar tamanhas exigências.

Ainda que houvesse diferenças entre os estilos de Peter e de Greg, Maria Luisa mergulhava profundamente no negócio como um todo e aprendia intensamente com a ampliação das operações brasileiras.

— Trabalhávamos pela marca, pelo aperfeiçoamento do treinamento e das operações. E a Lu... ela resolvia tudo. Qualquer coisa – define Marcel Fleishmann.

Competente, generosa e dedicada – até na diversão: Tânia tira da memória uma festa à fantasia, inesquecível:

— Um gerente se fantasiou de Chacrinha e ela foi de chacrete, de maiô e tudo!

Norman Baines acrescenta que Luisa criou ali um ambiente de conforto e confiança.

— Já nesse momento, as pessoas adoravam trabalhar para ela. A Lu tinha uma liderança natural e um apuradíssimo senso de justiça. Peter havia encontrado as cabeças, e fomos crescendo juntos.

Rekhi lembra que Maria Luisa fazia, frequentemente, o papel de "tradutora" para quem saía da sala do presidente.

— Peter assimilou o Brasil com muita rapidez, mas o formato de seu discurso é americano. Especialmente naquela época, muita gente ficava perdida com os gráficos, a terminologia e a objetividade. Saíam perplexos, perguntando: "Isso foi uma bronca?". "Não, ele estava tentando explicar como melhorar", dizia Lu.

Mais um desafio para a tradutora, afinal. E olha que Peter Rodenbeck se interessara pelo Brasil por causa, justamente, da língua portuguesa.

PETER RODENBECK

Nascido em 1939 na pequenina Mount Pleasant, no estado de Michigan, bem ao norte nos Estados Unidos, Peter Byrd Rodenbeck acompanhava as lições de português de seu *roommate* Bill Baldwin na Universidade de Harvard, fascinado pela sonoridade do idioma. Seu curso principal era de História da América Latina. Depois de se formar em 1961, com honras, serviu nos quatro anos seguintes na Marinha americana, em tempo de guerra no Vietnã. Quando o condecorado tenente Rodenbeck voltou à vida civil, buscou um caminho profissional que o conduzisse ao Brasil. Foi selecionado como *trainee* do Citibank em Nova York e cursou à noite a NY University para se aprofundar em finanças, contabilidade e *banking*. Contratado pela instituição, que tinha filiais em várias cidades brasileiras, acabou transferido para Recife em 1967. Da capital pernambucana, mudou-se para o Rio de Janeiro em maio de 1969, como *controller* do banco americano; em 1972, ingressou nas fileiras do Banco

Garantia. Mas, naquele momento, ele descobria que queria escapar do mundo financeiro.

— Banco não era para mim – registrou num texto que celebrava o cinquentenário de formatura em Harvard.

Não era mesmo. Ele estava nas vésperas de começar uma eletrizante aventura pessoal: a de trazer o McDonald's para a América do Sul.

Seu trabalho no banco de Jorge Paulo Lemann ganhou visibilidade; conheceu um *business developer* em Nova York que estava acompanhando o desejo de expansão do McDonald's para o Brasil, movimento que representaria a entrada da rede na América do Sul. A princípio como intermediário entre a companhia e o Garantia, Peter mergulhou no universo da empresa: estagiou em lojas, fez o curso da Hamburger University.

Peter Rodenbeck em 1981

— E me apaixonei – conta. – Na cerimônia de formatura da HU, minha primeira mulher, Susan, me olhava espantada: eu chorava.

Mas a rede não queria uma sociedade financeira para tocar a entrada na marca no Brasil – esse, aliás, seria um impedimento ao negócio. E Peter saiu do banco para abraçar o desafio.

Ao deixar o Garantia para imergir na montagem da operação brasileira do McDonald's, ele enfrentava o *gap* em que o mundo dos negócios no Brasil se encontrava, um lugar intermediário entre o negócio familiar e "operações de escala, com uma estrutura corporativa bem equilibrada, bem profissional", descreve Peter, que ainda hoje carrega o sotaque forte, mas que sem a menor dúvida domina a língua portuguesa. E aquele era o momento da ressaca do chamado "milagre econômico", crescimento artificial orquestrado pesadamente pelo Estado controlador e megaburocrático da ditadura, que resultou num endividamento interno e externo que se arrastaria por muitos anos. No final desse período, o Brasil estava desacreditado e estagnado. E saía da caverna, faminto, o dragão da inflação. Lá em 1976, o Brasil estava vindo da primeira crise do petróleo, em 1973, enfrentando a segunda, Plano Cruzado.

— Nunca era monótono, isso eu garanto.

Foram quatro anos de dedicação, entre negociação, treinamento e a minuciosa preparação para inaugurar a primeira loja, a de Copacabana, no verão de 1979.

A chegada do McDonald's ao país ganhou grande visibilidade, assentada na identificação do brasileiro com a cultura americana, no desejo pelo *american taste*. Do lado de dentro, o desafio de adequar os procedimentos daquele gigante do serviço rápido de alimentação à singularíssima realidade cambial, social, fiscal, infraestrutural do país. No fim das contas, a vinda da marca de *fast-food* representou um fator importante do crescimento do setor de serviços, na onda de profissionalização que ia lentamente se formando. A abertura da primeira loja, no térreo de um edifício residencial na Rua Hilário de Gouvêia, teve muitos lances de aventura.

Aquele início foi solitário e muito, muito suado.

— Eu fiquei sozinho durante muito tempo, na montagem de toda a estrutura e depois nos primeiros tempos.

Sozinho inclusive no campo do investimento:

— Éramos só eu e a matriz.

Em 1978, já separado da primeira mulher, trabalhava no apartamento onde morava. O primeiro escritório foi montado numa salinha de primeiro andar, na turbulenta Copacabana.

— Os ônibus paravam na porta, soltando uma fumaceira... e era tudo muito simples – lembra Tânia Hernandes.

Austeridade total. E a montagem da operação tinha que sair praticamente do zero.

— Tivemos que criar toda a cadeia de suprimentos a partir dos parâmetros da empresa para o fornecimento dos produtos, entrevistando, descobrindo fornecedores, selecionando, criando equipamentos como a máquina de suco de laranja, e mandar fazer tudo o que era de aço inoxidável. Importar estava fora de questão: pagavam-se, em muitos casos, 150% de taxas – recorda Peter, que naturalizou-se em 1982, quando já tinha 15 anos de Brasil. Ele transmite firmeza e tranquilidade, é avesso à publicidade e não tem qualquer traço de arrogância, embora seu apelido seja "Midas" nos círculos do *franchising* brasileiro. É conhecido como cauteloso homem de negócios – alguns diriam teimoso – e estrategista genial.

Peter (à dir.) e Ari, o primeiro gerente da loja inaugural. O flagrante do dia da inauguração foi capturado para o *house organ* da empresa

Maria Luísa, "a única pessoa de administração naquele escritório, era a liga lá dentro", garante Norman Baines. O inglês estava, àquela altura, gerenciando uma das grandes lojas do Centro do Rio de Janeiro, a da Avenida Rio Branco, ponto-chave no mercado carioca. Outro ponto-chave da geografia comercial da cidade era a Cinelândia, praça onde ficam o Teatro Municipal e a Biblioteca Nacional.

Uma das funções de Maria Luisa era a de verter para o português – mais uma vez, a função de tradutora – manuais, procedimentos, instruções. Eram muitas e detalhadas páginas, que se transformavam em aulas de sistematização, de otimização, de lógica comercial, de rigor na uniformização de produtos e serviços. Mas, por outro lado, acompanhava e ajudava a implementar necessárias adaptações à realidade local. Na mesma linha do *corner* especial para as sobremesas, o McDonald's Brasil lançaria o sorvete a 50 centavos, ainda por cima trocando os copos de isopor pelas saborosas casquinhas de biscoito e voltando o atendimento para a rua. Era uma maneira de atrair a Classe C, ainda temerosa em relação à marca. Outras inovações fizeram história na empresa: pela primeira vez, um McDonald's funcionava sem portas, na loja de Madureira, subúrbio do Rio de Janeiro. Caso único no mundo àquela altura.

Com o futuro franqueado de Brasília, Jin Chiang, e funcionários do balcão: vivendo a expansão da marca

— Aquelas portas de vidro, fechadas, inibiam demais um público pouco acostumado com a marca – explica Peter, que se lembra ainda de novidades como o Lanche Carioca: um hambúrguer e um refrigerante pequeno, diferentes dos tradicionais combos volumosos que são a preferência da empresa nos EUA. O Brasil, afinal, vivia outra realidade. No Rio, também surgiram os "canarinhos" – rapazes e moças vestidos de amarelo, daí o apelido, que percorriam as filas anotando os pedidos e adiantando a expedição.

PAT FLYNN

No primeiro semestre de 1982, um personagem decisivo para o crescimento profissional de Maria Luisa aparece em cena: Patrick Flynn, que assumia naquele momento a vice-presidência do McDonald's para a América Latina, tornando-se a ligação entre Peter, Gregory e a matriz em Chicago, com a missão de abrir novos mercados nas Américas do Sul e Central.

— E o Brasil... que lugar único, que gente interessante! – exclama Pat, que se aposentou em 2001, depois de 39 anos na companhia. O bem-humorado descendente de irlandeses localiza a primeira recordação daquele Brasil: o "pulinho" ao botequim na esquina ("A cada três horas, iam todos tomar cafezinho!"). Em seguida, vem a imagem da jovem, competente e ocupadíssima Maria Luisa e de um cenário macroeconômico que primava pela instabilidade.

— A Lu representava, para mim, o próprio Brasil, energética, alegre, cheia de potencial. Naquele momento, ela fazia de tudo, da administração à correspondência. E era um momento em que a economia do Brasil podia encolher de uma hora para outra, com tantas desvalorizações da moeda, tanta inflação...! Eu costumava comentar, na volta a Chicago, que tínhamos que aprender a reagir depressa, como via Peter e sua equipe fazendo e que, se alguém consegue ganhar dinheiro no Brasil, pode ficar rico em qualquer lugar! Eu via como era duríssimo esse momento.

Flynn acompanhou o crescimento da rede no Brasil por cinco anos, voando de Chicago para a América do Sul uma vez por mês, sempre apoiando com firmeza o difícil trabalho de montar e manter a cadeia de fornecimento.

....

Bem mais tarde, tanto Maria Luisa quanto Peter reconheceriam que havia, sim, uma fascinação mútua naquele momento, ou praticamente desde o início. Mas ambos recuaram do envolvimento pessoal por algum tempo. Segundo Tânia Hernandes, sempre à frente do Departamento Pessoal, havia regras muito rígidas na empresa quanto a isso.

— Imagine o gerente namorando a funcionária da chapa? Não podia, e eles sabiam disso – diz ela.

O interesse da moça por aquele mundo onde o *business* se desenvolvia de maneira tão interessante crescia intensamente ao longo dos primeiros tempos. A secretária do presidente estava, em poucos meses, cuidando das compras.

— Claro que, quando o número de lojas aumentou, contratamos mais gente. Mas Lu tinha talento natural para a área, capacidade de se organizar, assumir responsabilidades. Ela negociava preços e condições muito bem e, dentro do espírito da época, resistia até o último minuto à contratação de mais uma pessoa – lembra Peter, enfatizando mais uma vez que "a ordem do dia era focar no essencial para desenvolver o negócio".

Na década de 1980, a toda hora explodia uma crise que reverberava no mundo inteiro. Moratória mexicana, em 1982; derrota da Argentina na Guerra das Malvinas com inacreditáveis desvalorizações da moeda – em 1984, a inflação anual do país presidido por Raúl Alfonsín alcançou 625%. E o Brasil continuava muito frágil em termos de balança de pagamentos. A inflação – o dragão fritando a estabilidade econômica – estava incontrolável no biênio 1984-85. No Brasil, em maio de 1985, o salário mínimo era de Cr$ 332.120; em novembro, de Cr$ 600 mil.

— Para mim, vindo dos Estados Unidos, aquilo era impensável – conta Rekhi, sempre na área de *supply chain* da empresa. – Havia a necessidade de negociação infinita e chegávamos a reajustar semanalmente os preços nos cardápios.

Tempos de trabalho dedicado e felicidade desbravadora

Maria Luisa, com sua extrema organização e o comprometimento com o resultado, estava na linha de frente desse dia a dia instável. Às vezes, sozinha: quando o Governo Sarney decretou o Plano Cruzado em fevereiro de 1986, congelando todos os preços, Peter estava fora do Brasil. Para resguardar a empresa, ela correu para registrar na Sunab, o órgão governamental que controlava os preços, uma tabela com aumento de 25%. Deu tempo.

Carlos Frascari, o fabricante de *pins*, lembra-se bem do episódio:

— Graças a isso, o McDonald's anunciou que iria fazer uma oferta promocional, mantendo os preços anteriores. Mas, na medida que o plano fracassou, pôde retirar o desconto. Essa simples atitude salvou o McDonald's de um enorme prejuízo. Foi iniciativa dela.

....

Número 2 da companhia, Fred Turner programou uma visita ao Brasil para meados de 1985. O sucessor de Ray Kroc havia começado a vida na companhia depois de uma passagem pelo Exército americano, pilotando a grelha do hambúrguer – e, quatro anos mais tarde, ocupava a Vice-Presidência de Operações. A escalada continuou, meteórica. Em 1977, já era o *chairman*. Em sua gestão, o McDonald's chegou a 31 mil lojas em 118 países.

Turner já havia estado no Brasil em 1979, na semana da abertura da primeira loja, quase de surpresa. Já um pouco mais estruturada, mas ainda pequena, a equipe agora estava preparadíssima... menos para o acaso, é claro.

Poucas horas antes de o avião de Turner aterrissar no Rio de Janeiro, um caminhão frigorífico encostou de mau jeito na frente da loja da Avenida Rio Branco e destruiu o letreiro luminoso. A loja era a primeira escala nas visitas de Turner, e a solução foi correr até Ipanema, antes do amanhecer, retirar o letreiro da loja na Rua Visconde de Pirajá e instalar a traquitana na Avenida Rio Branco.

— Estávamos todos mobilizados e, assim que Turner saiu do restaurante no Centro, o letreiro foi imediatamente desmontado e levado para Ipanema, que era a última a ser visitada na escala – conta Peter, às gargalhadas.

No ano seguinte, finalmente, o escritório do McDonald's deixou o apartamento no Flamengo para ocupar um andar num prédio da Rua Teixeira de Freitas, na Lapa, no Centro do Rio de Janeiro. Maria Luisa já estava à frente de toda a logística e a mudança foi feita inteiramente por ela, comandando os Serviços Gerais e ainda como secretária executiva. Com cerca de 800 metros quadrados, o espaço era bem maior e mais arrumado do que o anterior. E, finalmente, o banco da Kombi foi aposentado.

Abertura da primeira loja fora do Rio, em Brasília. À frente, uma dos "canarinhos". No balcão, grande número de atendentes

— Nada de móveis de brechó, tínhamos belas mesas e baias – diverte-se Tânia Hernandes, que na época estava empenhada em convencer o Ministério do Trabalho a ver com bons olhos o esquema de pagamento que é a tradição do McDonald's: por hora, com escala flexível para acomodar os estudos, empregando homens e mulheres para as mesmas funções.

— Fui muitas vezes a Brasília conversar sobre multas aplicadas. Esse método não estava previsto na CLT, mas também não estava vetado. Era o nosso argumento para a contratação *part time* – conta ela. O contrato proposto pela empresa, segundo Peter Rodenbeck, "era um pouco revolucionário, mas funcionou e virou padrão para a indústria, porque combinava com o estilo de vida dos jovens – e a CLT foi respeitada em todos os seus detalhes".

Em 1987, já com duas dezenas de restaurantes próprios nas áreas Rio e Nordeste, Peter iniciou o franqueamento no Brasil com a abertura do restaurante em Brasília. Mesmo com novas instalações, a equipe do McDonald's ainda era um pelotão em batalha. "Às vezes, nos sentíamos numa trincheira, com bombas explodindo para todos os lados", rememora Jailton Silva, que entrou na empresa em 1981, aos 17 anos, num depoimento por e-mail. "E a Lu nunca negava fogo", escreve ele. "Inaugurações sempre foram um desafio e a Lu interagia muito com a parte de Operações".

Entre os arquivos organizadíssimos da empresa, havia uma pasta com o registro de quem vinha se interessando pelas franquias desde os primeiros tempos, sabendo que isso um dia iria acontecer. Era uma atividade essencial e cuidadosa.

— Foi tudo feito *by the book*, da maneira mais correta – relembra Norman Baines. – Tão cuidadosamente correta que muitos dos franqueados que colocamos operando estão ainda aí, alguns na segunda geração.

Na esfera privada, estava finalmente acontecendo uma aproximação entre o presidente e a moça determinada, competente e linda. Tudo muito devagar, muito cauteloso. Mas havia a infalível Rádio Corredor. E os dois, Maria Luisa e Peter, resolveram parar e avaliar o que era aquele encontro.

....

Dona Nelida, a *mamma* italiana católica por excelência, não podia nem pensar na sua primogênita envolvida com um homem mais velho – ainda por cima, separado e com filhos. E Maria Luisa, que sempre foi muito ligada à mãe, evitava o confronto.

— Várias vezes, entrei na jogada para viabilizar um fim de semana dos dois – confessa a amiga de faculdade Lídia Tannure. – Ligava, conversava com Dona Nelida, que acabava convencida de que Maria Luisa precisava de um descanso ao meu lado, em Cabo Frio ou coisa assim. E iam os dois namorar.

Por outro lado, a reputação de Maria Luisa como excepcional produtora de resultados há muito tempo ultrapassara os limites dos escritórios carioca e paulista do McDonald's e chegara à sede da companhia. A competência da moça, uma combinação de velocidade, habilidade, organização e *drive*, era conhecida. Ela era, ainda por cima, a responsável pela recepção dos executivos da empresa e pela coordenação das suas visitas ao Brasil.

—Luisa aceitava desafios enormes com prazer. Tinha consciência de que o grande problema, do tipo que nem se sabe como atacar, é o que mais ensina e melhor testa a criatividade – define Peter.

Ela estava pronta para um novo salto profissional. E queria provar o sabor da independência. Afinal, havia morado com os pais a vida toda.

Assim, Patrick Flynn foi consultado a respeito da possibilidade de ter Maria Luisa na sede da empresa, em Oak Brook, pertinho de Chicago, para uma temporada – ideia dela, que Peter aprovou e encaminhou. Por coincidência, a assistente de Pat estava saindo em licença-maternidade.

— Na sede da empresa, em Oak Brook, mantínhamos uma equipe de apoio para a operação nas Américas Central e do Sul – conta Flynn. – Foi um *timing* perfeito para todos nós. E chegou a Lu com sua capacidade, sua personalidade agregadora.

Em janeiro de 1987, aos 28 anos, Maria Luisa faria as malas para assumir o posto de assistente de Patrick Flynn e da equipe de executivos para a América Latina, na sede da companhia.

— Tive que contratar uma pessoa de fora e promover duas para o trabalho que a Lu rotineiramente fazia. Três! – afirma Peter.

Ela levava na bagagem, junto com uma bela seleção de discos de música brasileira, a curiosidade e o desejo de absorver tudo o que pudesse dessa rica experiência de trabalho. E, na fria Chicago, seria um raio de sol também para os latino-americanos em trânsito, uma presença amiga que a maioria nunca esqueceu.

EM CHICAGO, 1987

UM ANO E MEIO LONGE DE CASA

4

Em janeiro de 1987, as temperaturas médias em Chicago giravam em torno de -7ºC. Sem contar o vento, claro – quando vinha do norte aquele sopro gélido, a sensação térmica despencava para dezenas de graus negativos. O habitual. Também no Rio de Janeiro, nada de novo sob o sol inclemente do típico verão carioca, com seus 35/38ºC. Maria Luisa embarcara no Aeroporto do Galeão, com direito a ruidoso comitê de despedida da família e dos amigos – e desembarcara no Aeroporto O'Hare nos braços da família local – os tios Totono e Davide.

Chegava para iniciar seu período de trabalho na matriz do McDonald's. Era a primeira vez que se estabelecia fora do Brasil, do Rio, da casa dos pais. E seria sua mais longa estadia fora do torrão natal. Mas a alegria era grande, tão intensa quando a determinação de tirar daquela experiência tudo o que pudesse para crescer profissionalmente. Além do mais, viajar era, para Maria Luisa, "um dos maiores prazeres da vida", como escrevera num postal a Sonia Gomes, a professora da adolescência, no meio de uma longa excursão pela Europa em julho de 1985, que terminaria na Itália ("Vou pegar uma corzinha na casa de vovó!").

Era sua quinta visita à cidade dos ventos. Na primeira passagem por lá, estivera com tios e primos nas férias de 1976; depois disso, compareceu a uma convenção da empresa

No escritório do McDonald's, com Jim Warren, um dos executivos para a América do Sul

em 1984 e fez dois treinamentos na Hamburger University, em abril e agosto de 1986. Nesses momentos, atuou também com suas habilidades de tradutora: foi intérprete das duas turmas. Ela, aliás, preferia garantir a qualidade e a inteira compreensão daqueles treinamentos, dispensando os dois habituais tradutores e assumindo sozinha a cabine. *Tour de force*.

Agora, Maria Luisa aterrissava no coração da empresa. Seriam, a princípio, 16 meses de trabalho no grande edifício em Oak Brook e na Hamburger University, a poucas centenas de metros da sede. A função de assistente de Patrick Flynn na Vice-Presidência para a América Latina permitiria a ela aprofundar os contatos com executivos internacionais. "Aí é que está meu fascínio, nos mercados internacionais", escreveria ela um pouco mais adiante.

— Lu, além do carisma pessoal e do total preparo para a função, trazia esse incrível talento para as línguas, o que era essencial ali – relembra Pat Flynn.

O período longe de casa, imersa na estrutura da multinacional, seria de extraordinário aprendizado profissional e crescimento pessoal: "Estou me observando, pela primeira vez na vida, talvez!", registraria Maria Luisa em carta.

Num primeiro momento, foi alojada no hotel próximo à Universidade do Hambúrguer. Em pouco tempo, instalava-se num simpático condomínio em Lombard, a cerca de 12km da sede do McDonald's, arborizado, com piscinas e quadras de esporte. A mudança chegou trazendo "uma mesa, quatro cadeiras, um sofá, uma televisão, duas poltronas, um console e um abajur – 99% dos quais doação dos meus queridos parentes", escreve ela em texto publicado no "Quarterão", o *house organ* do McDonald's Brasil.

A princípio, a vida no condomínio era recolhida – o inverno não convidava à confraternização: "Vizinhança tranquila e amistosa, mas estou esperando o verão para ver gente interessante 'sair da toca', desabrochar!". O aparelho de som seria comprado no terceiro fim de semana no país, para ter a companhia de "Chico, Caetano, RPM e Marina"; os conhecidos do Brasil que chegavam para cursos e reuniões faziam dos dias em Chicago uma festa.

A crônica do jornalzinho da empresa no Brasil segue no mesmo tom de deliciosa informalidade: "Fiz um pacto comigo mesma de não me deixar abater pelo medo, pela depressão, e de nunca negligenciar o aspecto bom desta saudável solidão. (...) Tenho uma vida social que, no Rio, com toda a diversão disponível, eu nem sequer tinha! (...) desfilo seminua pela casa, meto-me em verdadeiras orgias culinárias que às vezes me custam algumas dores de barriga, ligo para meus amigos no Brasil e não tô nem aí para a conta astronômica de telefone que devo pagar, esqueço a luz do closet acesa e não me chateio comigo mesma, curto minha vidinha e tento não me censurar".

O currículo de Maria Luisa traz a lista oficial de suas funções naquele primeiro momento: "Assistente Administrativa do vice-presidente para a América Latina – Responsável pelo apoio administrativo ao vice-presidente sênior, assim como à equipe encarregada da América Latina na matriz, incluindo a elaboração de todos os relatórios, planejamento e coordenação das visitas, treinamento de novos parceiros e todas as viagens do departamento". Mergulhou, deliciada, nas novidades tecnológicas daquele momento: "*fac símiles,* processadores de texto, impressoras a laser, impressoras óticas, que transformam um documento impresso em um documento computadorizado, jogando-o diretamente para a memória do computador, como num passe de mágica!", escrevia ela, espantada com a versão primitiva do *scanner*.

Patrick Flynn assegura que a recepção foi unanimemente calorosa ("Quem poderia não gostar dela?"). Mas Maria Luisa revela – sempre no jornalzinho – que a reação inicial das colegas foi temperada com alguma reserva: "Não foi nada fácil conquistar a simpatia das outras secretárias, mais antigas, as quais, enciumadas pelo tratamento classe A que me estava sendo auferido, se torciam de inveja e ciúme pela 'chuva' de convites para almoçar com os executivos, nas primeiras semanas – o que era de se esperar pois, em minha antiga posição de coordenadora de Serviços Gerais no Rio, muitos desses executivos dependiam de mim e de nossa rapidez e capricho, no Brasil, para a resolução de seus pequenos probleminhas quando de suas visitas internacionais. Portanto, eram almoços de boas-vindas e de retribuição, de certa forma, pela atenção a eles dispensada em nossos mercados internacionais".

Profissionalmente, a experiência se revelou excepcional – Pat Flynn atesta que Maria Luisa, mais do que dedicada, "tomava conta de rigorosamente tudo":

— Eu nunca tive que me preocupar com nada, ela fazia o trabalho dramaticamente bem. E era como uma esponja, absorvendo conhecimento, capaz de ouvir e avaliar o que era importante, significativo, e o que não era. E tenho certeza de que oferecemos a ela bastante dos dois – ri Flynn. – Luisa tinha a capacidade de enxergar as oportunidades, tirar proveito delas e criar outras oportunidades a partir disso.

Do ponto de vista pessoal, enormes ganhos: Maria Luisa faria ali grandes amizades, com funcionários e gerentes vindos dos países da América Latina, gente que ela conhecia ou reencontrava, agora convivendo mais a fundo. Conquistaria vários novos amigos na cidade, que jamais a esqueceriam. E estreitaria também, de modo permanente, as relações com a parte da família Visconti radicada em Chicago, permanecendo até o fim da vida como uma verdadeira filha daquela casa tão italiana.

....

Tio Totono Visconti é 14 meses mais jovem que Nelida, mãe de Maria Luisa, e veio para o Brasil em 1952, com 17 anos. Voltou à Itália apenas para reencontrar a bela Franca, colega de ateliê de costura de Nelida em San Lucido, com quem se casou. Vieram para o Rio, já com a primeira filha, mas, pouco tempo depois, em 1964, trocou o Rio pelos Estados Unidos, onde outros tantos amigos e parentes haviam se instalado. O irmão caçula, Davide, também emigraria direto de San Lucido para Chicago; nunca morou no Rio, mas aproveitava qualquer oportunidade para visitar a irmã na cidade.

Totono só voltou ao Brasil uma única vez, na década de 1970, para visitar o pai, Silvio Visconti. O laço com a família no Rio, no entanto, nunca foi perdido, principalmente em função das constantes visitas de Maria Luisa.

— E ela tentava aparecer especialmente no *Thanksgiving*, um feriado que adorava – diz tia Franca.

....

— Luisa era a pior motorista que eu já vi – revela, às gargalhadas, Elvira, a filha mais velha de tio Totono, em fevereiro de 2012.

O jantar na casa de Totono e Franca, no tranquilo subúrbio de Addison, a 30km de Chicago, reúne o clã em homenagem a Maria Luisa, em diapasão italianíssimo – o salame, o vinho e as massas são apenas algumas das iguarias feitas em casa pela família. As muitas rodadas de comida têm como trilhas sonoras o canal italiano RAI e o alto volume dos risos, as ofensas carinhosas, os gestos largos e as típicas discussões inflamadas, verdadeiros exercícios à calabresa de reafirmação constante do amor e dos laços familiares. A afirmação ganha eco: Maria Luisa, quando chegou, dirigia mesmo muito mal. Parará, pereré, socorro!

DIRIGIR

Algo que eu estava protelando há muito tempo! Todavia, não tinha jeito: no primeiro fim de semana na casa dos tios, sob os didáticos brados calabreses do tio Frank (Totono para os íntimos), lá fui eu pelas estradas de Addison, tremendo mais do que gelatina, mas tentando a todo custo aprender a dirigir aquela "jamanta" que a companhia me emprestara. A propósito, no fim de semana seguinte, estaria com minha própria "jamanta": um Buick Regal 1981, que até o momento não me deixou na mão.... Parará, pereré, espreme daqui, acelera demais dali, raspa meio-fio aqui, joga o mail box do vizinho no chão dali, eis que Luisa se aventura, finalmente, a ir para o trabalho motorizada (saí 35 minutos antes, para percorrer um trajeto que leva cinco!).

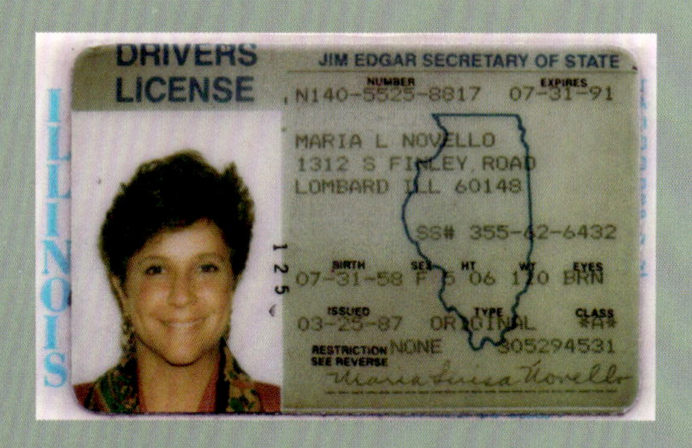

Até a primeira esquina, tudo muito bem. Na segunda, infelizmente, a coisa complicou um pouco. Quando vi que estava prestes a entrar na autopista interestadual I5 que me levaria diretamente a Chicago, e também ao estado de Indiana, daí percebi que estava na hora de aplicar pela primeira vez o célebre jeitinho brasileiro: uma curva mais para 180 do que para 90 graus,

e na pista errada! (...) Resultado, uma tremenda sirene de polícia acionada atrás de mim! Socorro! O que faço? Fujo? Pior ainda! Vou parar na cadeia na segunda semana de trabalho! Melhor parar...
Desce o guarda, pede-me os documentos, pergunto muito singelamente como faço para chegar ao escritório do McDonald's, explico que sou brasileira, recém-chegada, e estou perdida (dá pra notar!). Ele olha bem pra mim, vê nitidamente que eu estou tentando contornar uma situação de multa, pois o prédio estava bem ali na minha cara, e me diz que eu estava fazendo uma "curva inadequada". "Ah é? Onde?" (é muita cara de pau). "Bem ali, mocinha", responde ele delicadamente bem à moda dos policiais brasileiros, "da próxima vez dirija com mais atenção e cuidado". Uff! Me vi livre do "tira"!

"... já craque em me perder e tentar me achar, com o tanque já na reserva, paro sã e salva em um estacionamento de um restaurante diante de um belo Posto Shell, no exato momento em que a gasolina resolve terminar. O quê? E se a gasolina tivesse terminado no meio da expressway*? Sei lá! Acho que teria me atirado debaixo de algum Cadillac, para morrer em alto estilo, pelo menos! Mas, enfim, atravesso a pista movimentadíssima, para chegar até o posto, compro uns galões de gasolina e um pequeno contâiner com um cheque sem fundos e volto para o restaurante. No que estou agachada, entornando a gasolina dentro da minha supermáquina, eis que vejo quatro pés conhecidos à minha esquerda. Giro ligeiramente a cabeça e adivinhem quem vejo! Meu tio Frank e Dario, seu genro. (...) Responderam que estavam voltando de um funeral quando avistaram uma "louca" atravessando aquela pista de alta velocidade! O resto dá pra imaginar: me escoltaram até em casa, me deram inúmeros conselhos, inclusive o de nunca andar com pouca gasolina, é claro!"*

No texto para o "Quarterão" – *house organ* do McDonald's – fevereiro de 1987

BOSSA NOVA

Os discos – aqueles bolachões de vinil – e o aparelho de som ocupavam espaço de honra no apartamento e no dia a dia de Maria Luisa em Chicago. Eram grande companhia, em momentos de saudade; eram também o reforço nas doses de alegria brasileira que ela distribuía para os visitantes – entre eles, um DJ, também jornalista da revista "Billboard", Scott Adams.

— Eu estava começando a me interessar pela música brasileira – diz Scott em 2012, sentado em frente ao mar de Copacabana. – Uma conhecida, a tradutora Cristina Anderson, que já sabia do meu interesse em MPB, me ligou para promover o encontro com uma moça brasileira que, segundo ela, eu adoraria. Nosso primeiro almoço durou três horas.

O tal almoço aconteceu num dia de semana, em Oak Brook – e, ali, falaram do Brasil. Maria Luisa "adotou" Scott e os dois se encontravam com frequência no apartamento dela, para escutar música, percorrendo as dezenas de canções nos long-plays da coleção trazida do Brasil. Entre as canções favoritas de Maria Luisa, "Leãozinho" e "Tempo de estio", de Caetano Veloso; "Travessia", de Milton Nascimento e Fernando Brant; "Estate", de Bruno Martino, cantada por João Gilberto, e "Esquinas", de Djavan.

EXCLUSIVO

Uma brasileira em Chicago

2ª par

Foi duro esperar, mas finalmente vocês já podem acompanhar a emocionante conclusão das aventuras e desventuras de Maria Luisa, na terra do Tio Sam...

No final da primeira parte, ela fizera uma ousada manobra e o resultado fora um tremenda sirene da polícia. Deveria fugir? Seria presa na segunda semana de trabalho? O que fazer? Melhor parar...

Foi o que fiz. Desce o guarda, pede-me os documentos, mostro-lhe a carteira de motorista brasileira (FRIA!), pergunto muito singelamente como faço para chegar ao escritório da McDonald's, explico que sou brasileira, recém chegada, e estou perdida (dá para notar!). Ele olha bem para mim, vê nitidamente que estou tentando contornar uma situação de multa, pois o prédio estava bem ali, na minha cara, e me diz que eu estava fazendo uma "curva inadequada". Daí pergunto "Ah, é? Onde?" (É muita cara de pau!). "Bem ali, mocinha", responde ele delicadamente, bem à moda dos policiais brasileiros, "da próxima vez dirija com mais atenção e cuidado". Uff! Me vi livre do "tira", e eis que saio ilesa do meu primeiro confronto com a polícia.

Mas "a maré não estava para peixe" naquele dia... Ao chegar ao trabalho, depois de me reconstituir do susto com umas três doses triplas de cafeína, mais um "baque": liga simplesmente o Sr. *Fred Turner, Chairman of Board* de todas as McDonald's da Via Láctea, e quer uma explicação para a queda do número de clientes no Rio e em SP, nas últimas duas semanas... É dose, né? Engoli em seco, respirei fundo, murmurei que iria conversar com o Gerente Administrativo, *Sr. Warren*, e retomaria o chamado; empurrei o "abacaxi" para o velhote, pelos seus anos de casa, e fui tomar mais uns quatro copos de água com açúcar, para me acalmar.

Mas até que os dias foram transcorrendo tranqüilamente, e a busca de um local para morar vingou. O departamento chamado *Relocation* da McDonald's direcionou-me a um escritório imobiliário não muito distante da matriz; este, por sua vez, me deu cinco ou seis opções que mais se enquadravam dentro do meu parco orçamento, e ao término da segunda semana de EUA, já estava devidamente instalada num espaçoso quarto e sala de um agradável complexo de apartamentos, com o simpático nome de *Village Tree of Lombard*. É um local arborizado, muito bem tratado, com piscina interna e externa, quadras de tênis, salões de ginástica e de jogos/diversões, e até mesmo um pequeno *golf course* para os fanáticos. É claro que os pouparei dos detalhes que envolveram a parafernália da mudança. Todo mundo sabe que mudança é uma zona total! Mesmo que a mudança seja apenas de uma mesa, quatro cadeiras, um sofá, uma televisão, duas poltronas, um console e um *abatjour* – 99% dos quais, doação de meus queridos parentes... Aliás, chato foi dormir quatro noites no chão, pois a cama não tinha sido entregue, ainda, e o sofá ainda estava secando de uma lavagem infernal... Mas, enfim, fotos deste dia fatídico, com crianças sedentas e famintas berrando pela casa (os filhos de minha prima), caixas por todos os lados, e aquela zorra infernal, estão à disposição dos curiosos (ou sádicos, eu diria!). Quanto à vizinhança, relativamente tranqüila e amistosa, mas nada de especial. Estou esperando o verão para ver gente interessante "sair da toca", desabrochar! Alguns vizinhos conheci num coquetel de boas vindas aos novos inquilinos, patrocinado pela gerência do local: *boca livre*, coisa e tal... Com outros vizinhos, travei contato na lavanderia do andar. Cada andar tem uma, o que é muito prático. Legal foi perguntar como é que as máquinas funcionavam. Todos me olharam com aquela cara de quem pergunta: "De que planeta deve ser esta figura que não sabe como funciona uma máquina de lavar?" Um barato!

Lazer? Ah sim!!! Muito lazer! Especialmente quando da estadia de meu querido amigo *Herbert Steingerg*, da McDonald's São Paulo. Num ensolarado sábado de março, quando ele aqui estava, rumamos para St. Charles, para a casa da Cristina, na tentativa de lá chegar para um churrasco. Ainda bem que por uma inspiração divina ela mudou o cardápio para *feijoada*, caso contrário teríamos comido carne de sol... Depois de três horas *totalmente perdidos* em Ellen Ellyn, graças às péssimas informações/direções obtidas do pessoal local, conseguimos chegar, finalmente, para alívio de todos e consternação geral. Daí em diante o dia foi um sucesso: feijoada, "pelada", que os anfitriões ganharam, é claro! (Aliás, agora estou entendendo o porquê do cardápio...).

Entretanto (como se diz em português de Portugal), os dias foram passando, e busquei me distrair e usufruir ao máximo da companhia de *Herbert e Pinho* (nosso Gerente de Marketing). Saímos para fazer compras juntos, compramos meu som, no meu terceiro fim de semana, curtimos pilequinhos intelectuais no bar do *Lodge*, nos "curtimos adoidado"... e a fase transitória mais "braba" foi passando. Numa daquelas noites meio nostálgicas, em que a partida dos dois, muito próxima, já se fazia sentir, tomei um *pilão* caprichado e, para espanto de ambos, consegui uma proeza: não enxergar um meio fio, e dar com uma "puta" calçada, super alta. Tudo bem, entre "mortos e feridos" salvamo-nos todos, mas, a partir daí, não bebi mais e jamais deixei de usar meus óculos...

Mas a reflexão, a solidão, a saudade mais aguda, tudo estava por chegar... Não tinha jeito... Eu estava tentando disfarçar uma tristezinha interna incontrolável! Um belo dia, peguei o carro e fui chorar as minhas mágoas com minha prima casada, a qual me consolou, e até me ajudou a levantar o astral. Só que levantou demais... Na volta para casa, cantarolando, toda "serelepe", ao invés de pegar a ANTIGA estrada 53, entrei na NOVA estrada 53. Acertaram! Tratava-se de mais uma autopista com destino a Chicago. Mas deixa estar que, já craque em me perder e tentar me achar, com o tanque já na reserva, páro sã e salva em um estacionamento de um restaurante diante de um belo posto *Shell*, no exato momento em que a gasolina resolve terminar. O quê? E se a gasolina tivesse terminado no meio da *express-way*? Sei lá! Acho que teria me atirado debaixo de algum Cadillac, para morrer em alto estilo, pelo menos... Mas, enfim, atravesso a pista movimentadíssima, para chegar até o posto *Shell*, compro uns galões de gasolina e um pequeno *container* com um cheque sem fundos, e volto para o restaurante. No que estou agachada, entornando a gasolina dentro da minha "super máquina", eis que vejo quatro pés conhecidos à minha esquerda. Giro ligeiramente a cabeça e adivinhem quem vejo! Meu tio Frank e Dario, seu genro! Rindo, é claro, perguntaram-me o que eu estava fazendo ali. Devolvi a pergunta indagando o que eles estavam fazendo ali. Responderam-me que estavam voltando de um funeral, quando avistaram uma "louca" atravessando aquela pista de alta-velocidade... (A "louca" era eu!). Tiveram uma intuição certa, e pararam. O resto dá para imaginar: me escoltaram até em casa, me deram inúmeros conselhos, inclusive o de nunca andar com pouca gasolina, é claro!

A partir dessa noite, depois desse [...] e da tensão passada, [...] um pacto comigo mesma de nã[o] mais me deixar abater pelo medo, pela depressão, e negligenciar [o] aspecto bom desta saudável sol[i]dão. Estou mais corajosa, ativa, criando minhas defesas contra depressão: saio mais para fazer compras, tomo um chope com as colegas depois do trabalho, estudo espanhol no Berlitz, levo as revistas de Carnaval para lá e "toco o maior rebú" entre professores e alunos, faço pequenas viagens de fim de semana para arejar... enfim, tenho uma vida social que no Rio, com toda a diversão disponível, eu nem sequer tinha! Vivo! Intensa e apaixonadamente esta nova experiência de vida! Até meu apartamento estou curtindo mais: vivo mudando a mobília de lugar, ouço Chico, Caetano, Gal, RPM e Marina, desfilo seminua pela casa, meto-me em verdadeiros "rendez-vous" e orgias culinárias, que às vezes me custam algumas dores de barriga e indisposições estomacais, ligo para meus amigos no Brasil se me dá na cabeça e não tô nem aí para a conta astronômica de telefone que devo pagar, esqueço a luz do *closet* acesa e não me chateio comigo mesma, pois sei que papai o faria caso estivesse aqui para me "controlar", curto minha vidinha e tento não me censurar...

Pois é! Hora de terminar... Apesar de todos os contratempos e enrascadas, só posso dizer que tem sido *muito divertido* para mim morar longe de casa, pela primeira vez, depois de 28 anos de idade! Ainda mais aqui, nesse país muito doido, com *muita* tecnologia, um exageradíssimo nacionalismo, e gente de todas as partes do mundo para conversar e brincar. Mesmo porque, a vida não passa de uma agradável brincadeira... Uma gigantesca ciranda de impressões e sensações, na qual vale a pena sorrir, viver, aprender, sofrer e sonhar!

Página do "Quarterão", *house organ* do McDonald's Rio

— A música brasileira, nos anos 1980, ainda era classificada como jazz e pouquíssimo conhecida nos Estados Unidos – conta Scott, que comemorou em 2011 os 25 anos de seu programa de rádio dedicado à MPB. – A casa dela foi a incubadora do resto da minha vida, um lugar para aprender, um local de acolhimento. A Lu tinha uma incrível habilidade de estar completamente devotada ao momento, totalmente focada.

BIQUÍNI

A gaúcha Cristina Anderson, formada em Educação Física e casada com um norte-americano, tornou-se tradutora e intérprete na sede do McDonald's com a ajuda de Maria Luisa.

Acabaram se tornando grandes amigas.

— Eu me candidatei à função sem ter experiência, nos idos de 1985, e Luisa esteve aqui em 1986, treinando a "noviça"; teve uma enorme paciência comigo e, quando veio morar em Chicago, fiz um circuito de apresentações – recorda Cris. – Ela era perfeccionista, sem dúvida, mas dona de um lado brincalhão e engraçado. Era uma agregadora e ajudava todo mundo.

Pat Flynn tira da memória outro episódio divertido – *cute*, diz ele.

— Ela estava aqui há algum tempo e estranhava a falta de contato com os vizinhos de condomínio. "As pessoas de lá não são amigáveis como aqui na sede." Eu disse a ela que tivesse um pouco de paciência, lá moravam diversos jovens que ela iria encontrar em breve. Umas duas semanas depois, numa segunda-feira, Lu chegou radiante: "Encontrei um monte de gente!" – e explicou: "Sábado fez um lindo dia e de repente virei a pessoa mais popular dali: desci para a piscina usando meu biquíni brasileiro!"... Nunca esqueci essa história, foi muito engraçada.

A relação afetiva com Peter passava pela prova da distância e das novas vivências. No trabalho, uma frustração, expressa na carta para o namorado, de 1º de novembro de 1987: "Em agosto, [*Pat Flynn*] foi promovido para a alta cúpula administrativa e dissolveu o pequeno departamento que vim assessorar. Todos os executivos voltaram para suas respectivas áreas técnicas no setor doméstico da empresa. E eu fui parar num departamento chamado *Facilities & Systems*, parte dos Serviços Gerais da empresa, que trata da manutenção dos escritórios regionais e fornece toda a parte de sistemas – transferência de tecnologia, computadores etc. – e treinamento, alocação e desenvolvimento de secretárias, coordenadoras e gerentes de serviços gerais. Está sendo interessante por um lado, pois estou aprendendo muita coisa da nova tecnologia, mas estou triste porque não há contato com os mercados internacionais". E prossegue: "Você precisa ver como aprendi castelhano rápido e como os escritórios da América Latina apreciavam meu contato bem personalizado e humano! Mas tudo isso acabou", lamenta.

Na missiva, anuncia as férias: "Pretendo estar no Brasil entre 18 de dezembro e 1º de janeiro, vamos ver se meus planos se concretizam". Peter estava aguardando a chegada. Eles haviam se visto diversas vezes por lá e o relacionamento havia se fortalecido.

— O fato é que eu teria me casado com Lu mais cedo. Ficar aqui foi muito solitário, mas era importante que ela se acostumasse com a vida fora do ambiente familiar – garante ele.

No reencontro, no Brasil, não demorou muito para que a decisão de se casarem fosse tomada. E Patrick Flynn recebeu um bilhete datado de 1º de janeiro de 1988:

> *"Caro Pat,*
> *Por favor receba esse pedido urgente para a volta de Lu, o mais tardar no dia 1º de abril (sem brincadeira!), já que estamos planejando nos casar.*
>
> *Concordo que pode ser uma pena – e também representar um egoísmo da minha parte – a interrupção de uma brilhante carreira, mas nós descobrimos uma dessas verdades fundamentais da vida: somos três vezes mais felizes juntos do que separados. Isso só pode ser o verdadeiro amor.*
>
> *Muito obrigado por me ajudar a resolver isso......... Nos vemos em breve, Peter".*

Rio,
New Year's Day

Dear Bat,

Please consider this an urgent requisition for the return of Lu, no later than April 1 (no kidding) as we plan to get married.

It seems to shame to break up a wonderful career, and altogher selfish on my part, but we hsve discovered one of those fundamental truths--we are three times happier with each other than without each other and figure itmust me true love.

Thank you for your help in figuring this out......see you soon

Peter

Aquele amor surgido nos tempos de trabalho no McDonald's carioca nunca tinha saído de cena. Vinte e quatro anos mais tarde, Pat Flynn avalia:

— Acho que Peter finalmente caiu em si, conscientizando-se de como Lu era extraordinária e de como ele realmente precisava dela no Brasil. Essa foi sempre minha suspeita.

Desculpe-me, Peter! – ele brinca.

Já John Burns, amigo do casal, atesta em depoimento por e-mail: "Acredito que foi nesse período em Oak Brook que Lu percebeu que os restaurantes McDonald's no Rio estavam anos-luz à frente da média das lojas norte-americanas. Ela deve ter chegado à conclusão de que a mágica de Peter era de altíssima categoria, *world class*, e voltou determinada a ser parte disso. Luisa estava no meio desse vórtex de energia – e, com seu talento, dedicação e entusiasmo, foi fisgada pelo *business*... e por Peter".

Antes da mudança de volta para o Brasil, Peter e Luisa foram visitar a família Rodenbeck em Grand Rapids.

— E ela pediu minha mão em casamento à minha mãe – sorri Peter.

Um gesto inesperado que abria as portas da nova fase da vida.

Em Grand Rapids, Michigan, com a sogra Judy, a quem havia pedido a mão de Peter em casamento

NA PISTA

5

O MERCADO DE TURISMO E O *CASE* GALILEO

Item número 7: Lembrar Peter de convidar o padrinho;
Item número 32: Checar deadline *para as peças do enxoval com monogramas;*
Item número 63: Providenciar sanduíches e snacks *para os fotógrafos no casamento;*
Item número 65: Caixa de lenços de papel para o carro a caminho da igreja.

O espírito de organização de Maria Luisa se traduziu numa longa, cuidadosa e detalhada lista dos preparativos para o casamento. O passo a passo está descrito num caderno de capa perolada e páginas cremosas, cobertas com letra impecável. Um diário de tarefas – as grandes providências lado a lado com os mais ínfimos detalhes.

O vestido de noiva, com todos os acessórios, havia sido trazido dos Estados Unidos, e Dona Nelida, já devidamente conquistada pelo futuro genro, fez os ajustes.

Marcada para 18h do sábado, 14 de maio de 1988, na tradicional Igreja de Nossa Senhora do Carmo, a antiga Sé do Rio de Janeiro, a cerimônia foi oficiada pelo padre italiano *vero* Antonio Moretto. Peter e Maria Luisa viajaram em lua de mel para a Itália e a Grécia, com planos de alugar um barco. A irmã Vera assegura que, antes do casamento, Maria Luisa se dedicou também à leitura sobre *sailing*.

— Eu brincava dizendo que ela era a única noiva que estava

O casamento em 1987 e, em seguida, a lua de mel velejando nos mares da Grécia

preocupada em aprender a velejar e não a cozinhar!... Mas acho que ela nunca se preocupou com o ponto do bife e com o arroz; velejou muitas outras vezes, mas cozinhar mesmo... acho que nunca!

Na volta, entrou em foco a retomada da vida profissional – sem pressa, mas com firmeza. Aceitou um convite de Reynaldo Levi Carneiro, amigo do casal, para trabalhar como gerente administrativa na Colortel, a empresa de aluguel de televisores, videocassetes e aparelhos de ar condicionado – para, seis meses depois, lançar-se num desafio: estruturar uma agência de viagens associada à marca, uma ideia de Carneiro.

— Eu também estava trabalhando na Colortel (OBS: não era só TV) quando Reynaldo, o dono do negócio, teve a ideia de investir em outro campo – conta Vera Novello. – Além dos serviços de locação que tinham como grandes clientes os hotéis, e das videolocadoras, ele abriu a Colortel Turismo.

Antenado com o possível desdobramento dos contatos com a clientela ligada ao *trade* de viagens, Reynaldo criou a Colortel Turismo. E Maria Luisa, apaixonada pelo assunto, desejosa de trabalhar na área, foi quem concretizou o projeto. Ela aceitou o convite de criar do zero uma agência, desde a instalação do espaço físico até a administração do negócio, resgatando a experiência da época do McDonald's, quando organizava as viagens dos executivos. Foi um primeiro passo no mundo das companhias de aviação, que ganharia lugar em sua vida na etapa seguinte. Maria Luisa mergulhou no conhecimento técnico desse novo campo, ainda na era pré-Internet, em que os bilhetes aéreos eram emitidos em carnês com papel carbono vermelho. E entregues em mãos pela agência ao passageiro.

De olho no crescimento do negócio que havia abraçado, decidiu mirar num público com potencial de crescimento – exatamente o cliente corporativo, que ela conhecia bem. A pequena agência cresceu, chegando a se tornar uma referência no mercado carioca. Mas Reynaldo optou por manter o foco nas locações e, em meados de 1990, Maria Luisa decidiu tomar um novo rumo. E o caminho se apresentou.

Colortel Turismo: foto de estúdio para folheto promocional

A UNITED CHEGA AO BRASIL

"Pan Am abre falência: companhia vai se reerguer, continuem voando". A manchete do jornal "Los Angeles Times" de 8 de janeiro de 1991 era esperançosa. Mas a situação daquela que já fora a maior empresa aérea comercial no planeta só iria piorar nos meses seguintes. A derrocada vinha célere, na esteira de mais um aumento de preços de combustível no contexto da Guerra do Golfo, agravada pelos estilhaços em *public relations* da bomba no voo 103 que explodiu sobre Lockerbie, na Escócia. A ocupação dos assentos diminuía a olhos vistos. E, na quarta-feira, 4 de dezembro de 1991, dezenas de milhares de empregados mundo afora foram demitidos de uma só vez.

Maria Luisa, no Rio, acompanhava o noticiário, atenta aos movimentos do setor. Em São Paulo, naquela tarde de dezembro, o jovem Luiz Moura voltava do almoço quando se deparou com correntes na porta do escritório local da companhia aérea americana – o local já estava lacrado. Economista de formação, fora contratado pela Pan Am dois anos antes, para vendas e reservas.

— Sabíamos que o panorama estava ruim, mas não imaginávamos que chegasse a esse ponto – relembra Luiz.

A dramática saída de cena da Pan Am abriu espaço para a entrada da United Airlines no Brasil em caráter de urgência, ocupando as rotas da companhia falida. Apenas cinco funcionários da filial de São Paulo foram aproveitados na United – um deles, o próprio Luiz. A equipe da nova companhia caiu de paraquedas no mercado brasileiro: era a primeira base que a United estabelecia na América Latina. A operação começaria dia 12 de fevereiro.

— Era uma loucura! – descreve Claudia Hespanhol, que havia sido comissária da Pan Am, surpreendida nas férias, em pleno Havaí, pela paralisação da companhia. – Voltei para o Rio de Janeiro de carona da Varig e dei de cara com a mobilização da United, contratando às pressas. Acabei indo para uma posição em Reservas, e achava o trabalho repetitivo, até o dia em que eu conheci Maria Luisa, também como recém-chegada. Aí tudo mudou.

Para Maria Luisa, aquele seria o início da experiência que mudaria seu rumo profissional. Contratada como funcionária da United Airlines, pouco depois comandaria, com mão de empreendedora, um negócio internacional desde sua implantação: o *start up* do Galileo, revolucionário sistema de automação que chegava ao Brasil. Detalhe importante: a vida econômica do país vivia um verdadeiro terremoto.

UM PAÍS DE PONTA-CABEÇA

A vida dos brasileiros foi violentamente sacudida em 16 de março de 1990, dia seguinte à posse do novo presidente da República: era o início do Plano Collor, que teria uma segunda fase dez meses depois. Muitos setores da economia foram provisoriamente desmontados – entre eles, o mercado de turismo. Decretado o congelamento radical de preços e de salários, foram confiscados depósitos, investimentos e poupança acima dos 50 mil cruzeiros (moeda que voltava nesse momento, tomando o lugar dos cruzados novos de Sarney) – quantia que, em 2017, corresponderia a R$ 5 mil. Era uma tentativa radical de reverter a alarmante inflação, que, em março de 1990, batia no teto, com 82% ao mês.

Com a retirada de circulação de 80% da moeda, o índice inflacionário caiu para 9% em junho de 1990 – mas o PIB, Produto Interno Bruto, recuou em 4,3%. Em dezembro de 1990, novamente o fantasma dos dois dígitos assombrava o país: o índice alcançava, outra vez, o patamar dos 20% ao mês. Em 31 de janeiro de 1991, entrava em vigor o Plano Collor 2, na tentativa de segurar a chamada ciranda financeira: mais um congelamento, extinção do *overnight* (aplicação de curtíssimo prazo) e aumento de juros e IOF (Imposto sobre Operações Financeiras). Ali começou uma redução progressiva das tarifas de importação, o que impulsionou a competitividade da indústria nacional.

Para os brasileiros, especialmente na faixa menos abonada da população, foi um tempo de grandes apertos. O dia a dia era de malabarismos, numa sucessão de medidas emergenciais tomadas pelo governo. A modernização do parque industrial, buscando maior competitividade, também desferia golpes na empregabilidade – e, como consequência direta, eliminava postos de trabalho. Em 1993, havia um milhão e duzentos mil desempregados só na Grande São Paulo. O *trade* de turismo continuava vivendo momentos de suspense. O dólar atingia cotações estratosféricas – a moeda americana valia R$ 71.153 na véspera do Plano Cruzeiro Real, de Itamar Franco, decretado em 30 de julho de 1993. Mais tarde, a matemática se inverteria com a chegada do real, nascido em 1º de julho de 1994 em paridade com o dólar – e, a seguir, artificialmente valendo mais do que o dólar.

Apesar dessa montanha-russa no Brasil, a indústria do turismo mundial crescia, com a criação de organismos internacionais voltados para o incremento da atividade – tais como a World Travel & Tourism Council (WTTC), que reunia as maiores empresas mundiais do setor. No Brasil, de um volume de 250 mil visitantes vindos do exterior contabilizados em 1970, chegou-se a um milhão de turistas estrangeiros em 1990, atingindo, em 2000, o patamar de cinco milhões. Em 1992, ainda no governo Collor, surgiram diversos planos oficiais de incentivo ao turismo – alguns implantados com sucesso, vários que ficaram apenas no papel –, embriões de uma mudança no panorama interno que só iria se consolidar com a estabilização da moeda, pelo caminho do Plano Real, em 1994.

Em dois meses, a equipe da United Airlines estava trabalhando – e muito. As seleções haviam sido feitas no antigo hotel Méridien, em Copacabana, num ritmo febril, a partir de anúncios de jornal e indicações. Maria Luisa, de novo, havia recortado um anúncio dos classificados do jornal de domingo.

— Luisa mandou o currículo, foi chamada e imediatamente aprovada para o cargo de executiva de vendas – recorda Ana Amélia Whately, que estaria no mesmo processo e entraria para o departamento de Recursos Humanos da United Brasil. A data de ingresso na companhia está na carteira de trabalho preenchida pela própria Ana Amélia, que havia sido contratada pouco antes: 24 de fevereiro de 1992. O encontro se transformaria numa sólida amizade e, mais tarde, em laço familiar, com o casamento do irmão de Ana, Lauro, com a irmã de Maria Luisa, Vera.

A nova executiva tinha como carteira de clientes as agências e consolidadores do Sudeste, do Centro-Oeste e do

Nordeste do país. No currículo, além da atuação direta em vendas, ela registra também o trabalho com a publicidade em "promoções específicas e oportunidades de relações públicas". Mesmo sem equipe direta, ela criava um ambiente de estímulo para quem estava ao seu redor, como atesta Monica Galvão, que tinha acabado de perder o emprego numa agência de publicidade por causa do Plano Collor e acabou contratada para o setor de reservas da United.

— Esse trabalho é muito desgastante, tudo é cronometrado, até uma ida ao banheiro – comenta Monica, em 2012. – Por causa disso, eu inventava moda. Como sempre gostei de tecnologia, criei um *script*, um banco de dados, que facilitava a vida da gente: era só apertar uma tecla para acessarmos todas as informações necessárias da reserva, nome da agência, telefone, agilizando muito o atendimento. Maria Luisa ficou sabendo e adorou.

Claudia Hespanhol, a ex-aeromoça da Pan Am, estava igualmente interessada em evoluir. E, como Monica, passou a inventar soluções.

— Comecei a fazer estatísticas, relacionando voos, acompanhando a evolução das reservas, como o avião ia *bookando* com uma semana ou dez dias de antecedência. Maria Luisa ficou entusiasmada com aquilo, aperfeiçoou o processo com a aplicação de parâmetros, relacionando número de ligações com dias da semana, tirando conclusões daqueles números. E fui ficando mais próxima dela.

A Starbucks apareceria num flash para Maria Luisa durante esse período. Ela, que já havia se encantado em suas viagens com aquele projeto de cafeteria dos novos tempos, recebeu no fim do primeiro semestre de 1995 uma notícia no boletim da United que fez seu coração bater mais forte – quase um pressentimento, uma projeção do futuro.

— Tínhamos uma newsletter interna, diária – conta a amiga Ana Amélia Whately. – Numa manhã de junho, Maria Luisa me ligou, animadíssima com a notícia de que a United iria começar a servir café Starbucks em seus aviões. Naquele dia, ela me disse: "Vou trazer a Starbucks para o Brasil, pode anotar". Nunca me esqueci disso.

A parceria da United Airlines com a rede de café começaria efetivamente em fevereiro de 1996 e, a princípio, não deu certo: Howard Schultz conta, em seu livro de 1999, "Dedique-se de coração" (*"Put your heart into it"*), que houve dificuldades com os procedimentos para levar o café da Starbucks aos passageiros com a qualidade que a empresa exigia. Mas acabaram acertando o passo e mantendo a parceria por alguns anos.

....

O escritório, em 1992, tinha como mais avançada ferramenta o telex, para falar com a matriz, e todos trabalhavam com moderníssimas... máquinas de escrever.

— Lu trouxe o seu laptop particular, um ThinkPad da IBM, modelo pioneiro, e ensinou a gente a usar as planilhas de Lotus, o MS-DOS, os melhores programas da época – continua Claudia. – Era nesse laptop que trabalhávamos: quando ela saía para visitas, nós fazíamos os contratos, mesmo os que não eram responsabilidade dela, como os da venda corporativa.

Maria Luisa era séria nas demandas e aceleradíssima, dizem todos. Exigente, mas muito divertida quando era hora de rir.

— Sabia orientar os funcionários para o que ela queria, medindo tempo e trabalho para esticar a corda do tamanho adequado. Ficava zangada se fosse desautorizada, claro, e sabia se posicionar para atingir suas metas. Mas ríamos muito no nosso dia a dia – continua Claudia. – Nós, funcionários, fazíamos o chamado bate-volta Rio-Miami-Rio, saindo sexta à noite e pegando o voo de volta no sábado à noite. Íamos comprar xampu, detergente de pia, fraldas, pasta de dentes. Compras de supermercado! Ela ia de vez em quando, pela farra.

Maria Luisa permaneceria apenas por dez meses atendendo as agências de viagem pela United Airlines. Nesse período, sua performance – a informação também está declinada no currículo – atingiu "um aumento de 104% nas vendas para o segmento". Mas ela queria mais.

— Estava muito claro para todos que aquele não era o tamanho do universo da Lu: ela era muito ambiciosa em termos

Na United Airlines, em evento de premiação

de resultados, determinada, procurava mais do que lidar com agências – analisa Monica Galvão. – Ela queria trabalhar o voo inteiro, o conceito, desbravar, trazer novos produtos. Não ficava na zona de conforto.

Os meses de intensa dedicação na United acabaram sendo uma prévia para o novo patamar profissional que ela alcançaria a seguir. Maria Luisa, em pouco tempo, assumiria um desafio que representaria, de fato, a incorporação do espírito de empreendedorismo que definitivamente desabrochava. E estaria à frente de um projeto de sucesso desde seu início.

Ela chefiaria a implantação no Brasil do sistema de automação Galileo – mais que isso, levaria toda a estrutura das agências de turismo a dar um largo passo à frente. Aqui, especialmente, o sistema seria uma revolução: pela eficiência e pelo avanço tecnológico que representava, introduzido pela competência e dedicação da equipe montada por Maria Luisa para o *start up*. Sob o seu comando, o Galileo Brasil ficaria na memória do *trade* turístico como um *case* de estrondoso sucesso.

No final de 1992, Maria Luisa, festejadíssima pelo seu desempenho desde fevereiro na United Airlines, é contratada no Rio de Janeiro para comandar, como *country manager general*, a implantação do Galileo no Brasil.

AUTOMAÇÃO EM RESERVAS DAS AÉREAS: ESSA HISTÓRIA COMEÇA NOS ANOS 1940

O primeiro sistema automatizado de reservas para companhias aéreas foi criado por iniciativa da American Airlines e data de 1946: o Reservisor, que usava sinalização remota desenvolvida a partir das chaves eletromagnéticas do telégrafo. O armazenamento de dados era feito num cilindro de metal, o *magnetic drum* – venerável avô dos atuais *hard drives*. Nos anos 1950, várias empresas do ramo investiram em pesquisas, buscando um avanço em relação àquele pioneiro, mas rudimentar método. A própria American Airlines chegou, no final da década, ao SABRE (*Semi Automatic Business Research Environment*), numa parceria com a IBM. Em 1964, o SABRE era o maior sistema civil de processamento de dados do mundo.

Em 1971, surgiu o Apollo CRS – Computadorized Reservation System – numa *joint venture* da United Airlines com a Transworld, a desaparecida TWA. As agências de viagens ganhavam acesso direto aos sistemas pelo Apollo em 1976, à frente dos concorrentes, que se apressaram em seguir o mesmo rumo. Só que cada companhia oferecia seu sistema de reservas separadamente. Mas, nesse mesmo ano, a British Airways cria o primeiro produto de multiacesso, o Travicom (*Travel Automation Services*), dando às agências inglesas a possibilidade de reservar assentos em 49 companhias de grande porte. O Travicom se espalha pelos Estados Unidos, pelo Oriente Médio e por Hong Kong.

Os dois sistemas – Apollo e Travicom – vão se unir para dar origem, em 1987, ao Galileo. Reúne nove companhias aéreas em consórcio e democratiza muito o acesso e a integração com as agências. Também em 1987 nasce o Amadeus, desenvolvido pela Air France e pela Lufthansa. A sigla GDS, Global Distribution System, passa a nomear esses sistemas múltiplos, capazes de realizar reservas de bilhetes aéreos, hotéis, automóveis, cruzeiros marítimos.

Em 1990, a Worldspan – GDS da Delta, da Northwest e da TWA – começa a operar; em 1992, surge o Amadeus Global Travel Distribution, *upgrade* do CRS da Air France com a alemã Lufthansa. E é nesse ano também que Apollo e Galileo UK se fundem, formando o Galileo Internacional, tendo como principais companhias envolvidas a United Airlines e a British Airways.

CONTRATANDO

As exigências para a contratação do executivo que implantaria o Galileo no Brasil não eram pequenas. Além da capacidade gerencial, que envolvia todos os passos de um *start up* – desde contratar e treinar a equipe até montar a logística do negócio –, eram necessários algum conhecimento tecnológico e também uma experiência concreta em vendas. Ou seja, talentos em campos diversos.

Lawrence Hughes, que era *country manager* da United Airlines no Brasil, viu-se com duas indicações fortes para o cargo – Ricardo Hora, na época o dono da uma empresa de servicos em TI, Datatask Sistemas, que prestava serviços à companhia aérea, e Maria Luisa, cujo trabalho na United se destacava mais e mais a cada dia, indicada por Gino Rodrigues-Arnaiz, seu chefe no departamento de Vendas do Rio de Janeiro

— Fui entrevistado em São Paulo por Lawrence e depois por diversos gerentes em Miami, na que foi a mais longa entrevista de trabalho da minha vida. Foram quase duas horas – diz Ricardo. – Lá, soube que éramos, Luisa e eu, os finalistas para a vaga de *country manager* do Galileo. Eu trazia longa experiência na área técnica em TI, e até mesmo em *management*, mas a grande vantagem de Luisa foi a vivência muito elogiada em vendas. Mesmo não tendo conseguido a vaga, reconheci que o *job* foi dado para a pessoa certa. Lu, com sua disposição e determinação únicas, estava numa área que ela conhecia bem.

Maria Luisa assumiria o cargo em 15 de dezembro de 1992.

DOS "*DUMB*" *TERMINALS* AO MICROCOMPUTADOR DO GALILEO

O Galileo, que ganharia uma larga fatia do mercado pelo trabalho veloz e ousado de Maria Luisa, viria em 1992 revolucionar o raquítico panorama da tecnologia e da infraestrutura de telecomunicação no Brasil na área comercial do turismo. Na época, o trabalho era praticamente todo feito por telefone e complementado por uma tropa de mensageiros, rodando para levar e buscar bilhetes aéreos, comparáveis a cheques em branco, que apenas algumas agências maiores, consolidadoras, podiam manter, sempre em cofres, e preencher – e levavam no mínimo 48 horas nesse tráfego.

— As grandes empresas tinham departamentos de emissão com mais de 50 funcionários e algo como cem mensageiros para o leva e traz – lembra Luiz Moura.

As agências estavam equipadas com os chamados *dumb terminals*, "terminais burros": combo de teclado e monitor monocromático sem capacidade de processamento de dados, ligado a um *mainframe*. Além disso, os sistemas das companhias domésticas – Varig, Transbrasil e Vasp – eram separados. Para os dias de hoje, uma impensável mão de obra.

— Era um atraso – diz Ricardo Werwie, na época trabalhando com o pai na tradicional agência Roxy, no Rio de Janeiro, que acabou fazendo o teste do sistema para Maria Luisa. – Um terminal para reserva, outro para tirar nota, outro para rodar a listagem e fazer contabilidade... uma trabalheira. E, para as companhias internacionais, o caminho era unicamente o do telefone, e eles mantinham no aeroporto um quadro-negro onde iam riscando os assentos vendidos, imagine! O terminal burro já era uma evolução; seria um sonho poder fazer reservas em todas as companhias aéreas do mundo!

A proposta do Galileo era fornecer *hardware* e *software* para agilizar o trabalho, integrando as necessidades da agência numa só plataforma. O contrato previa entregar às agências computadores de última geração, equipados com o novíssimo Windows 3.1, conectados à central de processamento por linhas dedicadas. Além da automação na emissão de reservas, o computador fornecido pelo Galileo cumpria as outras funções – editor de texto, planilhas, registros do *backoffice* – no sistema interno de controle.

Maria Luisa trabalhava com um acordo básico muito atraente para a clientela. Em troca de três máquinas zero quilômetro, instaladas e prontas, conexão montada e treinamento dos funcionários, as agências realizariam pelo Galileo um mínimo de 500 reservas por mês, em geral passagens aéreas, hospedagem e locação de carros. No sistema Galileo, as metas eram contadas em número de reservas comercializadas e não mais pelos valores faturados. Os contratos maiores previam percentuais diversos.

Vivendo o sucesso do Galileo

— Foi um avanço poderoso no trabalho – aponta Marcelo Freire, que, naquele distante 1992, atuava como treinador do Galileo em São Paulo. – Era tudo novo! Eu dava cursos para capacitar os agentes e vi situações que hoje parecem inacreditáveis: havia, por exemplo, quem colocasse o mouse no chão para acionar com o pé, como numa máquina de costura.

Para a época, um salto tecnológico. E isso num Brasil atrasadíssimo nesse quesito: o país acabava de ver cair a Lei de Reserva de Mercado na Informática, decretada oito anos antes para forçar o desenvolvimento da indústria da área. Nesse período, calculava-se que 60% das vendas no país eram de produtos contrabandeados. O computador, no Brasil, custava cerca de três vezes o preço de um similar estrangeiro[1]. Foi o ano de chegada do Word, da Microsoft e de monitores coloridos. Ao ser importada, uma máquina 386SX com 2 Megabytes

[1] Informações do programa "Roda Viva" da TV Cultura, de 24/07/92

Os equipamentos modernos da época, para os parceiros do Galileo

de memória RAM, disco rígido de 40 Megabytes e monitor VGA monocromático custava no Brasil cerca de US$ 2.600.

Portanto, Maria Luisa se empenhou em mostrar às agências que tinha em mãos um excelente negócio. Não era pequeno o investimento que o Galileo fazia na chegada ao Brasil, fornecendo todas as máquinas e os periféricos vindos de fora, pagando uma taxa de importação que batia os 100% do valor declarado – e ainda bancando o treinamento e a instalação dos equipamentos. Só a rede de agências Flytour, a maior da época, recebeu 55 computadores de uma vez, instalados numa sala de treinamento.

— Não havia rede naquele tempo e, graças a Maria Luisa, formei a minha – diz Eloi D'Ávila, dono da empresa. – A Flytour chegou a ter 350 terminais de Galileo, todos trabalhando em rede, um recorde absoluto para a época. O crédito que ela me deu devia chegar a uns US$ 300 mil, entre equipamentos e computadores. Ela sabia do risco, mas documentava tudo e confiou no meu projeto. Se hoje tenho a Flytour Business Travel, foi graças a ela.

DO BERÇÁRIO DA INFORMÁTICA ÀS INOVAÇÕES DO GALILEO

Uma década antes daquele momento, a utilização da informática nos negócios e no dia a dia engatinhava, ou nem isso. Mas Maria Luisa já lidava com um microcomputador da Apple no McDonald's Brasil, mesmo na austeridade das instalações da franquia. E, naqueles anos 1980, ela queria um programa para cadastro de mala direta. Os clientes dos restaurantes registrariam seus dados e receberiam um convite para comemorar o aniversário no McDonald's. Encomendou a novidade ao carioca Marcelo Lederman, indicado pela Computique, uma das primeiras lojas do ramo no Rio de Janeiro.

— Estávamos entrando na era dos computadores – lembra Marcelo, que estava naquele ano voltando de uma especialização em Ciência da Computação no Canadá. – Ela queria um programinha simples para gerar material que mandaria pelo correio. Funcionou lindamente.

Os caminhos dos dois se cruzariam de novo quando Maria

Luisa buscava uma parceria no projeto de implantação do sistema Galileo.

— Criamos a interface do *front office* com o *backoffice*, o GIGA, Galileo Interface for Gate, um sistema no qual se iniciava uma operação pelo Galileo e automaticamente a reserva caía no *backoffice*, aumentando a produtividade do agente, que não precisava então digitar a transação novamente – relembra Marcelo. – Estávamos desbravando um terreno completamente novo na tecnologia e enfrentava-se muita dificuldade. Além de quase tudo ser *importabandeado*, havia pouco suporte e as barreiras alfandegárias: as máquinas que entravam por via legal ficavam meses emperradas, sem liberação.

Sem falar nos outros empecilhos, como o sumiço das novíssimas máquinas, ainda no terminal de chegada do aeroporto. Para isso, o único remédio era entrar na pista.

MARIA LUISA NA PISTA DE GUARULHOS

Quatro horas da manhã. Envergando um colete da Infraero, a Empresa Brasileira de Infraestrutura Aeroportuária, Maria Luisa Rodenbeck está na pista do terminal de cargas do aeroporto de Guarulhos, em São Paulo. Faz frio – é quase inverno de 1993 –, mas ela não arreda pé: quer testemunhar o desembarque da segunda leva de computadores para equipar as agências que haviam assinado contrato com o Galileo. E, uma vez a carga em terra, acompanhá-la até onde pudesse. Queria mostrar que estava de olho.

— A Receita Federal afirmava que os primeiros computadores enviados pela companhia haviam chegado, tinham sido desembaraçados, mas não foram encontrados no momento da entrega. Surreal – diz Luiz Moura.

Aquilo tinha acontecido um mês antes. A remessa de computadores novinhos simplesmente desapareceu nos labirintos da burocracia.

— Ela estava muito chateada – atesta Ricardo Werwie, à época na agência Roxy. – Vivíamos todos numa ansiedade enorme para ver tudo funcionando e a Luisa chegou arrasada porque a carga tinha sido extraviada. Imagino que tenha sido difícil explicar para a matriz.

Difícil ou não, Maria Luisa conseguiu trazer a segunda leva de computadores um mês depois.

— Tudo levava pelo menos 90 dias para chegar – confirma Eloi D'Ávila. – Mas ela cumpriu os prazos, não sei como.

Outra pesada dificuldade residia na instalação das linhas para transmissão de dados, a cargo da empresa francesa que dominava esse mercado, a SITA – Société Internacionale de Télécommunications Aéronautiques.

— Eram 60 dias de espera por uma conexão, e isso em São Paulo – garante Luiz Moura. – Fora dos grandes centros, o prazo era indefinido, tornando o trabalho quase impraticável. Muitas vezes, Maria Luisa ia pessoalmente à sede da SITA em São Paulo discutir com os gerentes; ela queria fazer acontecer. E a gente era muito dependente de quase tudo, principalmente importação e telecomunicações.

Osmar Fonte, funcionário de vendas do Galileo no Rio de Janeiro, garante que Maria Luisa atuava em sintonia com a visão de que era uma indústria que ia deslanchar:

— Ela pedia para acelerar a entrega das linhas codificadas, pensando sempre à frente para não sermos pegos de surpresa. Além da linha dedicada, em cada agência era necessário fazer cabeamentos e instalações. Para uma instalação de telefone na Barra da Tijuca, por exemplo, a média de demora era de dois anos. Tudo era de uma dificuldade enorme – descreve ainda Fonte.

MUITO ALÉM DA META

Apesar das dificuldades estruturais, o Galileo extrapolou todas as projeções de vendas. Uma explosão.

— Nossa meta era assinar 20 contratos no primeiro ano. De cara, fechamos cem! – conta Luiz Moura.

Marcelo Freire complementa:

— Fazíamos as apresentações para dez, 12 agências. E todas fechavam contrato na hora.

A equipe funcionava em ritmo intensíssimo – vendas e *field support* em São Paulo; no Rio de Janeiro, uma turma maior, que incluía o *help desk*. Monica Galvão estava numa das posições do atendimento no Rio:

— Foi o início do contato com a tecnologia para todos nós – diz ela. – Formávamos um time muito unido e nossa chefe brigava por nós. Fazia tudo com tanta paixão que transmitia essa dedicação para a equipe.

Maria Luisa não media esforços para chegar ao produto ideal. Na tentativa de agregar mais valor ao sistema, por exemplo, procurou o Panrotas, tradicional e importante empresa de informação para o turismo, e propôs que o Galileo divulgasse também as tarifas e horários das menores companhias brasileiras – inclusive, na época, a regional e pequenina TAM.

— Ela me levou para Chicago para alinhar os procedimentos técnicos – narra o presidente da Panrotas, José Guillermo. – Fizemos um acerto ótimo para os dois. E, se alguma coisa não funcionasse, ela era sempre objetiva e direta, sem nunca perder a doçura.

As reuniões de planejamento e avaliação do Galileo para a América Latina aconteciam em Miami. Uma delas ficou especialmente marcada na memória de todos.

— Havia certa implicância em relação ao Brasil, mesmo com o êxito enorme do primeiro ano de trabalho, ou talvez por causa dele – aponta Luiz Moura. – Chegamos para nossa reunião; as equipes da Argentina, do Chile, da América Central usaram aquelas antigas transparências e distribuíram apostilas encadernadas. Maria Luisa, sempre à frente do seu tempo, surpreendeu todo mundo ao fazer sua apresentação no ainda desconhecido *software* PowerPoint. Um sucesso! Foram todos obrigados a nos cumprimentar. Daí por diante, houve um respeito muito grande, não só pela performance em vendas e distribuição, mas também pela apresentação! A prova disso é que o Brasil foi o único país onde a empresa quis montar sua própria estrutura, em consequência dos excelentes resultados: as outras operações eram todas concessões ou franquias.

A dedicação de Maria Luisa ao trabalho, na época, chegava ao ponto de *workaholism*, segundo Marcelo Freire.

— Ela se cobrava intensamente, trabalhava em casa, nos fins de semana – relembra Monica Galvão, revelando que

Peter telefonava, altas horas da noite, reclamando da ausência. – E ela dizia "Já vou, estou saindo", e nada! O Osmar Fonte brincava com ela, dizendo: "Um dia, vamos chegar ao escritório e você vai estar trabalhando deitada, com uma máscara de oxigênio".

Imprimir sua marca no mercado era, definitivamente, a ambição de Maria Luisa. Nesse momento, com o Galileo, já pôde ser detectada claramente a emersão do espírito empreendedor.

— Parecia que a empresa era dela. Luisa não media esforços – continua Osmar.

Peter Rodenbeck, em retrospectiva, concorda com a visão de que ali ela experimentava a liderança de um negócio num viés empreendedor:

— Lu estava muito longe, geograficamente, do chefe imediato, com ordens de implantar o negócio. Tinha independência e liberdade de ação. E as usou.

Marcelo Freire ainda reconhece em toda a equipe do Galileo essa sensação.

— Os ingleses vieram para o Brasil no lançamento e, pouco depois, já nem acompanhavam de perto. Todos sentíamos aquilo como se fosse nosso.

Artur Andrade, jornalista da Panrotas, reforça a ideia.

– Ela brilhava, se diferenciava, parecia *boss*. Assumia essa postura.

Larissa Moura, que foi até 2013 responsável no Brasil pela Travelport – companhia que, desde 2006, engloba o Galileo –, tem uma visão muito objetiva do papel que Maria Luisa representou para a marca:

— Esse espírito pode ser resumido na ideia "cuide da empresa em que você está como se fosse sua". Isso permaneceu no Galileo. Há funcionários muito jovens que nem sabem quem ela foi, mas essa postura ficou. A empresa mudou, mas manteve o DNA que ela implantou. E Luisa virou uma lenda.

Em dois anos e meio de intenso trabalho à frente do Galileo Brasil, os resultados conseguidos por Maria Luisa eram extraordinários. E constam no currículo, resumidamente: "(...) mais de 400 clientes e um índice de venda de 12% além das metas previstas". O passo seguinte seria o estabelecimento da empresa de maneira independente, desligando-se institucionalmente da United Airlines no Brasil.

Só que, para Maria Luisa, ali aconteceria uma inesperada mudança de rumo.

MUDANDO DE AERONAVE

Em julho de 1995, a matriz do Galileo envia seu gerente Frank Mosca para fazer a escolha final do executivo que lideraria o negócio para o território brasileiro na nova fase independente. Havia a percepção de que seria quase uma formalidade. Mas, surpreendentemente para a equipe e os clientes, Mosca decide ocupar o cargo, oferecendo uma posição subalterna a Maria Luisa, e resolve ao mesmo tempo transferir a sede da empresa para São Paulo.

— Ninguém entendeu – diz Larissa Moura. – A função dele não era essa. Frank provavelmente viu o que já estava estabelecido e decidiu ficar.

> *"Após quatro anos de esforço e dedicação para construir uma reputação de serviços de qualidade, de empresa confiável e apresentando um invejável* market share, *a empresa resolveu empossar no cargo de diretor nacional alguém vindo da matriz".*
>
> Maria Luisa Rodenbeck, em um *paper* acadêmico de 1996

Para Maria Luisa, aquilo era sinal de que uma mudança era imperativa, até mesmo pela coerência com a postura empresarial que fora a tônica de sua atuação nesse período. Depois de todo o esforço empreendido, não havia sentido em ocupar outro cargo que não o de líder, como a *CEO* que ela efetivamente seria sete anos depois. Era o senso de justiça falando alto.

A primeira ideia foi a de retomar a vida acadêmica, para buscar uma especialização na área de negócios. Mas, antes que os planos se concretizassem, uma nova proposta surgiu.

> *"Aparentemente deliciados com o súbito desfalque da concorrente United, American Airlines me convidou para*

ocupar o cargo – há muito vago – de Gerente de Vendas Rio de Janeiro/Nordeste. Mesmo que a ideia de enfrentar uma equipe de vendedores que eu não tinha selecionado fosse algo preocupante, o desafio de prosseguir com uma postura cheia de energia e entusiasmo no setor era muito interessante para ser recusado".

Maria Luisa, no mesmo *paper*

A apresentação da nova gerente ao mercado de turismo aconteceu no congresso da Associação Brasileira de Agentes de Viagem, a ABAV, de 1995.

— Aparecemos todos com chapéus de caubói; a contratação foi uma surpresa geral – rememora Dilson Verçosa, na direção das operações brasileiras da AA.

Era um momento de crescimento para o braço brasileiro da American. Maria Luisa chegou com fome de realização e – por que não? – de reconhecimento, entusiasmada com as condições excepcionais que o Plano Real criava para o turismo e a aviação.

— Ela estava anos-luz à frente de todos em termos de marketing – avalia Cristiane Frank, na época promotora de vendas na American Airlines e que foi até 2014 a diretora para o Brasil e a Argentina da Continental-United. – Luisa representou um choque cultural na AA. Sempre impecável, elegantérrima e *workaholic*: focava em tudo, nas vendas, nos relatórios, na apresentação, na tecnologia.

Responsável por mais de 60 funcionários em 14 pontos de vendas e representações no território que cabia a ela, Maria Luisa redobrou o ritmo, procurando atender nos mínimos detalhes as agências de viagem e motivar a equipe.

— Era muito comum chegar ao escritório e dar de cara com um fax que ela passara às 4 da manhã, de casa. E era, sim, exigente – continua Cristiane. – Sabia quem trabalhava ou não, ouvia o mercado, pegava no pé de quem não estava produzindo como deveria. O fato é que, quando chega uma pessoa com esse pique, carrega todo mundo e sacode o ambiente. Ela queria que a equipe crescesse junto, almejava criar um monte de *maria-luisinhas*. Era muito acolhedora e tinha uma visão espetacular do processo todo. Todos nós aprendemos a fazer, por exemplo, uma boa apresentação, com atenção não somente ao PowerPoint, mas à lógica da coisa. E, em Miami, via-se que ela tinha um plano de ação, objetivos claros, sentido e viabilidade no que se propunha.

O desafio de incrementar o setor de vendas em nova posição, na American Airlines

Cristiane Frank ganhou ali o apelido de *Mrs. Idea,* porque a toda hora surgia com uma ideia nova.

— Luisa sabia que eu era comprometida com o trabalho em si, com a realização. E ela não era motivada pelo desejo de um cargo, mas porque acreditava naquilo que fazia. E era capaz de dar *feedback* honesto, sincero e valioso para quem quisesse ouvir e crescer junto com ela.

Era rápida, trabalhava em ritmo de urgência. Inventava.

— Lu vinha com outro *background* – diz Verçosa. – Extremamente *demanding,* voltada para o sucesso. E companhia aérea é um ambiente muito engessado, represa as manifestações criativas. Era pouco para Maria Luisa.

Mas em Miami, sede do comando regional da American Airlines, não havia dúvidas de que aquela moça estava se destacando pelo sucesso de vendas.

— Com três meses de American – lembra Peter – ela foi pinçada para fazer uma apresentação para toda a América Latina.

Porém, ao final de dez meses na AA, Maria Luisa começava a perceber que suas "atitudes empreendedoras à frente de janelas de oportunidade" e seu "enorme comprometimento em fazer um bom trabalho" produziam um descompasso. Sua determinação muitas vezes era sentida como "enérgica demais e ameaçadora" pelas chefias – ainda em suas palavras, registradas naquele *paper.* A solução era sair do engessamento e procurar um novo caminho, no qual pudesse dar vazão às capacidades adquiridas na liderança do Galileo.

"Decidi dar a mim mesma um tempo para reciclagem".

O novo caminho se concretizou em seguida, na forma de

um curso numa prestigiada escola de negócios nos Estados Unidos. Mais precisamente, a Arthur D. Little School of Management, em Cambridge, Massachusetts.

REINVENTAR-SE 6

UM ANO EM CAMBRIDGE, MASSACHUSETTS: DE VOLTA À ESCOLA

A carta, datilografada no capricho, vinha no papel timbrado amarelo da American Airlines. Com espetacular habilidade no uso das palavras, Maria Luisa registrava, usando a mais fina diplomacia, os sucessos da passagem pelo Galileo e pela American Airlines.

Ainda apontava, com delicadeza, que seus desejos de crescimento profissional que a levavam à pós-graduação não estavam em sintonia com as projeções de seu trabalho na companhia aérea de onde se desligava agora. Para bom entendedor, a doce missiva dizia muito mais do que suas bem encadeadas sentenças revelavam à primeira leitura.

Rio de Janeiro, 17 de julho de 1996
Aos Caros Agentes de Viagens do Rio de Janeiro
Prezados Colegas de Vendas das Companhias Aéreas
Respeitáveis Profissionais da Imprensa do Trade Turístico

DESTA VEZ É PRA VALER!!

Há cerca de um ano, devido ao término da gestão da United Airlines sobre a distribuição do Sistema GALILEO no Brasil, o PANROTAS divulgava meus planos pessoais de tirar um sabbatical *e tentar cursar um MBA (pós-graduação em negócios) nos Estados Unidos.*

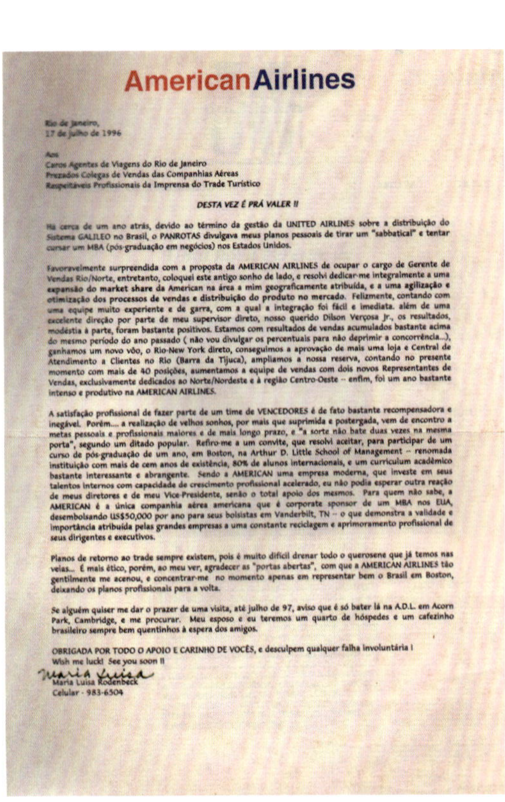

AmericanAirlines

Rio de Janeiro,
17 de julho de 1996

Aos
Caros Agentes de Viagens do Rio de Janeiro
Prezados Colegas de Vendas das Companhias Aéreas
Respeitáveis Profissionais da Imprensa do Trade Turístico

DESTA VEZ É PRÁ VALER !!

Há cerca de um ano atrás, devido ao término da gestão da UNITED AIRLINES sobre a distribuição do Sistema GALILEO no Brasil, o PANROTAS divulgava meus planos pessoais de tirar um "sabbatical" e tentar cursar um MBA (pós-graduação em negócios) nos Estados Unidos.

Favoravelmente surpreendida com a proposta da AMERICAN AIRLINES de ocupar o cargo de Gerente de Vendas Rio/Norte, entretanto, coloquei este antigo sonho de lado, e resolvi dedicar-me integralmente a uma expansão do **market share** da American na área a mim geograficamente atribuída, e a uma agilização e otimização dos processos de vendas e distribuição do produto no mercado. Felizmente, contando com uma equipe muito experiente e de garra, com a qual a integração foi fácil e imediata. além de uma excelente direção por parte de meu supervisor direto, nosso querido Dilson Verçosa Jr., os resultados, modéstia à parte, foram bastante positivos. Estamos com resultados de vendas acumulados bastante acima do mesmo período do ano passado (não vou divulgar os percentuais para não deprimir a concorrência...), ganhamos um novo vôo, o Rio-New York direto, conseguimos a aprovação de mais uma loja e Central de Atendimento a Clientes no Rio (Barra da Tijuca), ampliamos a nossa reserva, contando no presente momento com mais de 40 posições, aumentamos a equipe de vendas com dois novos Representantes de Vendas, exclusivamente dedicados ao Norte/Nordeste e à região Centro-Oeste -- enfim, foi um ano bastante intenso e produtivo na AMERICAN AIRLINES.

A satisfação profissional de fazer parte de um time de VENCEDORES é de fato bastante recompensadora e inegável. Porém.... a realização de velhos sonhos, por mais que suprimida e postergada, vem de encontro a metas pessoais e profissionais maiores e de mais longo prazo, e "a sorte não bate duas vezes na mesma porta", segundo um ditado popular. Refiro-me a um convite, que resolvi aceitar, para participar de um curso de pós-graduação de um ano, em Boston, na Arthur D. Little School of Management -- renomada instituição com mais de cem anos de existência, 80% de alunos internacionais, e um curriculum acadêmico bastante interessante e abrangente. Sendo a AMERICAN uma empresa moderna, que investe em seus talentos internos com capacidade de crescimento profissional acelerado, eu não podia esperar outra reação de meus diretores e de meu Vice-Presidente, senão o total apoio dos mesmos. Para quem não sabe, a AMERICAN é a única companhia aérea americana que é corporate sponsor de um MBA nos EUA, desembolsando US$50,000 por ano para seus bolsistas em Vanderbilt, TN -- o que demonstra a validade e importância atribuída pelas grandes empresas a uma constante reciclagem e aprimoramento profissional de seus dirigentes e executivos.

Planos de retorno ao trade sempre existem, pois é muito difícil drenar todo o querosene que já temos nas veias... É mais ético, porém, ao meu ver, agradecer as "portas abertas", com que a AMERICAN AIRLINES tão gentilmente me acenou, e concentrar-me no momento apenas em representar bem o Brasil em Boston, deixando os planos profissionais para a volta.

Se alguém quiser me dar o prazer de uma visita, até julho de 97, aviso que é só bater lá na A.D.L. em Acorn Park, Cambridge, e me procurar. Meu esposo e eu teremos um quarto de hóspedes e um cafezinho brasileiro sempre bem quentinhos à espera dos amigos.

OBRIGADA POR TODO O APOIO E CARINHO DE VOCÊS, e desculpem qualquer falha involuntária !
Wish me luck! See you soon !!

Maria Luisa
Maria Luisa Rodenbeck
Celular - 983-6504

Favoravelmente surpreendida pela proposta da AMERICAN AIRLINES para ocupar o cargo de Gerente de Vendas Rio/Norte, entretanto, coloquei esse antigo sonho de lado e resolvi dedicar-me integralmente a uma expansão do market share *da American na área a mim geograficamente atribuída, e a uma agilização e otimização dos processos de vendas e distribuição do produto no mercado. Felizmente, contando com uma equipe muito experiente e de garra, com a qual a integração foi fácil e imediata, além de uma excelente direção por parte do meu supervisor direto, nosso querido Dilson Verçosa Jr., os resultados, modéstia à parte, foram bastante positivos. Estamos com resultados de venda acumulados bastante acima do mesmo período no ano passado (não vou divulgar os percentuais para não deprimir a concorrência...), ganhamos um novo voo, Rio-New York direto, conseguimos a aprovação de mais uma loja e Central de Atendimento a Clientes no Rio (Barra da Tijuca), ampliamos nossa reserva, contando no presente momento com mais de 40 posições, aumentamos a equipe de vendas com dois novos Representantes de Vendas, exclusivamente dedicados ao Norte/Nordeste e à região Centro-Oeste – enfim, foi um ano bastante intenso e produtivo na AMERICAN AIRLINES.*

A satisfação profissional de fazer parte de um time de VENCEDORES é de fato bastante recompensadora e inegável. Porém... a realização de velhos sonhos, por mais que suprimida e postergada, vem ao encontro a metas pessoais e profissionais maiores e de mais longo prazo, e "a sorte não bate duas vezes na mesma porta", segundo um ditado popular. Refiro-me a um convite, que resolvi aceitar, para participar de curso de pós-graduação de um ano, em Boston, na Arthur D. Little School of Management – renomada instituição com mais de cem anos de existência, 80% de alunos internacionais e um curriculum acadêmico bastante interessante e abrangente. Sendo a AMERICAN

uma empresa moderna, que investe em seus talentos internos com capacidade de crescimento profissional acelerado, eu não poderia esperar outra reação de meus diretores e de meu vice-presidente senão o total apoio dos mesmos. Para quem não sabe, a AMERICAN é a única companhia aérea americana que é corporate sponsor *de um MBA nos EUA, desembolsando US$ 50.000 por ano para seus bolsistas em Vanderbilt, TN – o que demonstra a validade e a importância atribuída pelas grandes empresas a uma constante reciclagem e aprimoramento profissional de seus dirigentes e executivos.*
Planos de retorno ao trade *sempre existem, pois é muito difícil drenar todo o querosene que já temos nas veias... É mais ético, porém, a meu ver, agradecer as "portas abertas" com que a AMERICAN tão gentilmente me acenou, e concentrar-me no momento apenas em representar bem o Brasil em Boston, deixando os planos profissionais para a volta.*

Se alguém quiser me dar o prazer de uma visita, até julho de 1997, aviso que é só bater na ADL em Acorn Park, Cambridge, e me procurar. Meu esposo e eu teremos um quarto de hóspedes e um cafezinho bem brasileiro sempre bem quentinho à espera dos amigos.

OBRIGADA POR TODO O APOIO E CARINHO DE VOCÊS, e desculpem qualquer falha involuntária! Wish me luck! See you soon!!

Maria Luisa Rodenbeck

A nova moradia ficava no edifício número 432 da Broadway Street, Cambridge. O pequeno prédio tinha fachada tradicional, como muitos outros na agradável rua arborizada, e, à frente, estendia-se o parque da Biblioteca Pública. Da Broadway Street até a Arthur D. Little School of Management, atravessando o Rio Charles, o trajeto não levava nem dez minutos, de carro ou de metrô.

Aquele era um reinício. Maria Luisa, que amava estudar e aprender, estava efetivamente de volta à escola. A diferença, naquele momento, é que ela mirava – objetivamente,

O parque em frente à nova casa, em Cambridge, com a Biblioteca Pública ao fundo

cirurgicamente – seu projeto pessoal como empreendedora.

Para embasar esse crescimento, o programa de estudo da ADL era o ideal, como descrito na missão da escola: "O Master of Science in Management Program, de um ano de duração, tem um foco intensamente global e é voltado para profissionais experientes a caminho de maior responsabilidade gerencial". O candidato ideal teria, no mínimo, quatro anos de experiência em cargo de direção ou gerência, e a mistura de nacionalidades era incentivada, em coerência com o caráter global da empresa que patrocinava a escola [1].

O direcionamento para a ADL foi uma sugestão de William Wells, que havia sido diretor financeiro do McDonald's Brasil nos anos 1990.

— Eu havia feito algumas palestras na ADL e recomendei Lu à escola; mas ela foi aceita apenas por suas habilidades e cresceu enormemente no programa – diz Bill em depoimento por e-mail. – A decisão de voltar a estudar já foi motivada pela determinação de Luisa em estabelecer um negócio de peso no Brasil. Sei que, das numerosas pesquisas, ela se fixou mais e mais na decisão de trazer a Starbucks para o seu país. O MBA proporcionaria uma visão de negócios mais completa, abrangente, uma perspectiva estratégica que às vezes é difícil de obter quando estamos mergulhados naquele dia a dia cheio de pequenas exigências cotidianas.

Peter vai além e compara a uma "fervura" aquele processo que resultou na decisão de voltar à escola.

— Maria Luisa enfrentara o desafio da implantação do sistema Galileo. Ela havia sorvido, em grandes goles, a poção da liderança em escala internacional. Nesse meio-tempo, a ideia de levar a Starbucks para o Brasil iria surgir e se condensar cada vez mais nitidamente.

Peter acabou decidindo embarcar na mesma onda e voltar à sala de aula – e em Harvard, universidade onde se formara em 1961. Só que uma viagem de barco com Maria Luisa era a primeira ideia.

Com a mudança para a cidade coladinha a Boston, acompanhando a mulher, decidiu-se pelo afastamento temporário dos negócios; para ele, seria igualmente um descanso e uma reciclagem. Antes disso, em dezembro de 1994, Peter

[1] A Arthur D. Little School of Management se tornou a Hult International Business School em 2002, com a reorganização da empresa que a mantinha. Criada em 1964, a escola baseou sua estrutura no modelo da MIT Sloan School of Management, por sua vez a universidade pioneira no estabelecimento de um programa de formação de executivos, uma das cinco faculdades do MIT, Massachusetts Institute of Technology, em Cambridge. O programa data de 1931.

A Arthur D. Little, mais tradicional consultoria do mundo, fundada em 1886, está presente, em 2017, em 35 países.

Rodenbeck havia vendido sua parte no McDonald's Brasil para a própria companhia. Aos 55 anos, ele vivia um momento de reavaliação; e a conclusão era a de que ele havia dado àquele negócio a melhor parte da sua possível contribuição.

— Acabei fazendo cursos de menor duração, estudei investimentos, gerenciamento de TI, mergulhei em Healthcare Finance e também na História da Arte – ele enumera. – E virei rato de biblioteca, lia muito. Foi um tempo muito bom.

O LEGADO DO MCDONALD'S BRASIL

A história da rede McDonald's no Brasil, que Peter e sua equipe escreveram, era de grande ousadia e sucesso. Ele deixava a arena sob aplausos e com números impressionantes: 65 lojas no país, a criação de cerca de 33 mil empregos diretos, sem contar os indiretos e a lembrança de sucessos como o da atuação da cadeia no primeiro Rock in Rio, em 1985. Ali a marca bateu o recorde de todos os tempos da cadeia, no mundo inteiro: atingiu a marca de 58.185 sanduíches vendidos em uma única loja em um dia, no evento que chegou a reunir um público de 250 mil pessoas.

Em entrevista de 2009, Peter faz uma retrospectiva: "Pelo espaço que o setor ocupa hoje, fica aparente que a vinda do McDonald's representou uma revolução, uma quebra de vários paradigmas, tanto para o consumidor quanto para quem explorava o setor. Com vendas e lucros em níveis recordes, havia motivos objetivos para sair nesta altura. (...) Gosto de experiências novas, diferentes, seja de negócios, lazer ou de cunho social, e o meu desligamento me deixava tempo para contemplar novas atividades. Em paralelo, o McDonald's queria emplacar um ritmo de expansão que envolveu grandes investimentos, o que o levou a interessar-se pela compra da minha parte."

Ele prossegue, na reportagem: "Foi uma revolução muito focada nas pessoas. A rede deu oportunidade de trabalho para jovens rapazes e inovou colocando meninas atrás dos balcões. Abriu carreiras novas com o trajeto marcado por cursos profissionalizantes e horários flexíveis para atender os estudantes. Os fornecedores tornaram-se parceiros e não apenas licitantes em uma competição de preço. A rede trouxe também para o mercado articulações operacionais, com máquinas sofisticadas e pessoas capacitadas. Qual foi a 'cola' disso tudo? A implantação de uma cultura empresarial honesta e sincera que visava ao crescimento dos jovens como profissionais e à expansão das atividades da companhia e de seus fornecedores em um ritmo igualmente forte e saudável."

O curso de Administração Hospitalar tinha justificativas profundas: seu envolvimento de décadas com a Vila Serena, uma clínica para dependentes químicos sem fins lucrativos, e com a Fundação Ary Frauzino, associação de apoio ao Instituto Nacional do Câncer, criada em 1992 pelo amigo Marcos Moraes, oncologista, figura de proa na política de combate ao câncer no Brasil. Mais: antes de deixar o McDonald's, Peter fizera a abertura da primeira Casa Ronald McDonald's no Brasil, em novembro de 1994. O primeiro McDia Feliz do país, em 1988, inaugurou uma tradição, alinhada com o formato abraçado pela matriz[2], de apoio às vítimas de câncer infantojuvenil e suas famílias – e em todo último sábado de agosto, desde então, a receita vinda dos Big Macs vendidos no país é destinada a instituições da área.

A primeira Casa Ronald do Brasil, na Tijuca, Rio de Janeiro, foi uma vitória da persistência de um grupo de voluntários do INCA, tendo à frente o casal Francisco e Sonia Neves. Chico, que conhecera as Casas Ronald nos Estados Unidos, onde estivera com o filho, abordara Peter numa das campanhas do McDia Feliz. Em 2017, Francisco é o superintendente do Instituto Ronald McDonald, que funciona desde 1999 e coordena a distribuição dos recursos do McDia Feliz e de outras campanhas da rede.

— Ele é uma grande inspiração para nós nessa área – diz Peter. – Chico liderou uma turma de gente com garra e entusiasmo.

Em 1993, Peter Rodenbeck com Bruce Wunner, na época Relationship Partner do McDonald's para a América Latina.

Casa Ronald McDonald– Tijuca – Rio de Janeiro: o comprometimento com a comunidade.

STARBUCKS NA VIZINHANÇA

[2] A Ronald McDonald's House Charities, de hospedagem e suporte psicossocial, existe desde 1974 nos Estados Unidos

O apartamento dos Rodenbeck, num terceiro andar, estava perto de uma pizzaria, junto a um mercadinho de comida natural e a duas quadras de um pequenino Starbucks, com apenas quatro lugares para a clientela sentar. Maria Luisa descreveria, numa palestra em 2007, as primeiras impressões que teve daquela loja:

***Banner* com a chamada do café brasileiro perto de casa em Cambridge**

— Passava todos os dias em frente a uma Starbucks. Acabei criando uma intimidade saudável com os baristas e passei a admirar o conceito café-conforto-hospitalidade.

Essa hospitalidade ganharia mais um tom, verde e amarelo. Naquela loja, Maria Luisa encontrou, certo dia, um novo *banner*, estampado com o nome da variedade Ipanema Bourbon. E ficou sabendo: era a primeira vez que a Starbucks batizava um de seus produtos com o nome de uma fazenda brasileira de café.

OS CAFÉS ESPECIAIS E O BRASIL

O conceito de cafés especiais não existia no Brasil até meados dos anos 1990. A expressão era relativamente recente: havia sido cunhada em 1974 num artigo do "Tea & Coffee Trade Journal", para diferenciar os grãos de sabor singular, produzidos em microclimas, do café comum. Esste novo e promissor conceito foi uma ideia muito bem recebida por um grupo de comerciantes de café dos Estados Unidos que procurava renovação do negócio. Esse grupo fundou a Specialty Coffees Association of America em 1982, reunindo os empresários dispostos a investir nas qualidades *gourmets* de um produto pouco valorizado nas terras do Tio Sam. Cinco anos depois, a SCAA organizava a primeira viagem em busca de cafés de origem, para a Jamaica, e, em 1992, a entidade, bem mais robusta, promovia sua Third Annual Conference and Exhibition, em Seattle, com 1.800 participantes.

Nesse encontro, interessadíssimo, circulava um jovem brasileiro – Washington Luiz Alves Rodrigues – que também havia percebido como aquela história de cafés finos poderia ser revolucionária para o negócio.

Era um momento de grande mudança para o setor no Brasil. Na virada para a década de 1990, o ciclone econômico do Governo Collor atingiu as bases do mercado de café. Até julho de 1989, todo o mercado cafeeiro havia sido controlado com rédea curta pelo Instituto Brasileiro de Café, o IBC, que ditava preços e regulava o estoque do produto na exportação. Em 1990, no dia da posse, Collor extinguiu o IBC e o IAA, do Açúcar e do Álcool; desmantelou tudo de uma hora para a outra. Caindo a tutela do governo, que assegurava a compra da produção cafeeira na quantidade, abria-se um rombo no cotidiano do setor – mas, ao mesmo tempo, abriam-se oportunidades e caminhos para quem tinha uma visão.

— Em 1991, o mercado havia chegado ao fundo do poço – Washington lembra. Ele estava, àquela altura, à frente da Ipanema Coffees, empresa da Gafisa e da Bozano, Simonsen. Marcelo Vieira, da Sociedade Monte Alegre, já havia chamado produtores para discutir formas de sair da crise. Uma dessas formas era a organização do grupo.

— No final de 1991, já tínhamos o esboço da Associação e assim fomos para a feira. Vislumbramos lá que teríamos, por esse caminho, inúmeras e valiosas oportunidades.

Naquele momento, a Starbucks – ainda uma empresa em crescimento, mas já uma forte indutora do que viria por aí nesse território – apostava na transformação do café em produto *gourmet* e, consequentemente, na elevação dos seus preços.

De volta ao Brasil, Washington, Marcelo Vieira e José Francisco Pereira consolidaram a Brazilian Specialty Coffees Association, organização que se tornou cada vez mais robusta e em 2017 é presidida por Adolfo Henrique Vieira Ferreira. A produção dos cafés especiais na Fazenda Ipanema havia começado, apesar de uma descrença geral ("Todo mundo achou que a gente era maluco, que o mérito da produção cafeeira no Brasil estava nas misturas de grãos, os *blends* e ponto final", conta Washington). Naquele encontro de Seattle, em 1992, os produtores brasileiros convidaram representantes da Specialty Coffees Association of America para conhecer o Brasil – e eles vieram no mesmo ano. No grupo, estava Jerry Baldwin – um dos fundadores da Starbucks, que àquela altura já havia sido vendida para Howard Schultz. Vinham também Ted Lingle, presidente da SCAA; Phil Jones, da rede de cafeterias Barnie's; e uma das pouquíssimas mulheres no mercado de café verde, a exigente Mary Williams, representando uma empresa pequena de São Francisco. O grupo chegou à Fazenda Ipanema, a maior em área contínua do Brasil com seus três mil hectares, totalmente mecanizada. Era agosto, e a safra brasileira começa em maio e vai até setembro. Não havia café para oferecer aos visitantes.

Marcelo Vieira, Washington Rodrigues, Francisco Leite e Gustavo Fernandes no estande da BSCA, em meados dos anos 1990

— Saímos como uns loucos atrás

de uma variedade precoce de café – ri Washington. – E achamos o Bourbon, que, até os anos 1950, era o tipo predominante no Brasil, mas acabou sendo cortado porque produz uns 30% a menos. Tínhamos esse café numa gleba de cem hectares, com mais de 30 anos de idade. Quando o grupo experimentou o Bourbon, Mary disse: "O que é isso? Nunca provei nada tão sublime na minha vida."

Foi uma epifania. Ninguém ali tinha noção da qualidade daquele café. No dia seguinte, Washington, de olho no mercado, mudou toda a metodologia da fazenda: passou a separar variedades a partir da ideia de *terroir*, como nos vinhedos, analisando solo, luz, umidade.

— Nossa primeira exportação foi para a torrefação alemã Tchibo, e outra em seguida, muito pingadinha, para a Mitsubishi.

Por três anos, venderam apenas cem sacas de café para a holding japonesa ("e num contêiner cabem 300, imagine só"). No quarto ano, o pedido foi de 17 mil sacas, e surgiu no Japão a lata de Ipanema Blend, trazendo uma exposição enorme da marca. O momento – era 1995 – não podia ser mais propício: em Seattle, a Starbucks havia contratado uma nova compradora *master*, justamente Mary Williams, que então voltou à Fazenda Ipanema para provar cafés. Meses depois, chegava a proposta: a Starbucks queria o Bourbon com exclusividade mundial.

— Para nós, o melhor de tudo foi que eles aceitaram colocar nosso nome e, dessa vez, o Ipanema Bourbon apareceu no mundo inteiro alavancado pela rede Starbucks.

Dali a dez anos, os caminhos de Maria Luisa e Washington Rodrigues iriam se cruzar, quando finalmente a Starbucks veio para o Brasil – primeiro, como concorrentes, e, depois, numa bela colaboração social.

Para Maria Luisa, a ideia de levar a marca para o Brasil ganhava contornos nítidos, transformava-se em propósito. E o sonho iria se transformar no primeiro projeto, como um dos trabalhos de final do curso.

Mas por enquanto, em 1996, ela saboreava a delícia que era voltar à escola.

"É inacreditável o prazer de voltar a estudar, de me relacionar com colegas de uma turma tão diversificada e internacional como esta! São

quase 60 alunos, de 22 países. (...) Eu consegui alugar um apto. bem simpático. Peter está bem. Para ele, foi muito emocionante rever a faculdade onde ele passou 4 anos de sua vida: Harvard. Ele chorou de emoção!

"Devo admitir que estou bem feliz, D. Sonia. Minha capacidade de concentração, minha força de vontade de, com essa idade, aprender matérias TÃO áridas e quantitativas como Estatística, Contabilidade, Finanças etc., é admirável! Estou me dando bem nas provas, apresentando trabalhos de qualidade, enfim, aprendendo um mundo totalmente novo de informações e práticas empresariais que jamais julgaria capaz de absorver!"

Cartas para Sonia Gomes, 1996.

O curso da ADL School teve caráter bastante pragmático, voltado para o empreendedorismo e a preparação para a liderança. Entre as 26 cadeiras, matérias como Internacional Corporate Finance, Strategy Formulation, Ethical Issues in Business. Dezenas de folhas de anotações, cobertas com a letra inconfundível de Maria Luisa, somam-se à dúzia de trabalhos encorpados elaborados para cada cadeira. Mais uma vez, extensas e cuidadosas notas, e uma dedicação sem limites.

— Lu estava buscando alinhar sua capacidade com seus objetivos , analisa Peter, em 2012. – Ela, afinal, não trazia nenhuma instrução acadêmica para negócio, nem um curso de contabilidade. O MBA representou a sintonia entre a visão e a capacidade dela àquela altura. E deu certíssimo. Vejo ainda hoje a biblioteca que ela trouxe: dá inveja, é maravilhosa.

Com a "fiel escudeira" Zizi, em Boston

"Tenho estudado muito. Minha jornada começa às 7 horas da manhã, e só termina lá para 1h da madrugada! Todos os dias há muito mais material para ler, digerir e estudar do que um ser humano é capaz de lidar. Mas é proposital, para o indivíduo aprender a dominar seu tempo e a priorizar. Raras vezes vou para a aula sem ter lido o material indicado, mas, para isso, tenho dormido uma média de apenas 5hs/dia".

Carta para Sonia Gomes, 1996.

Monica Burns, filha do grande amigo do casal, John, estava em Boston na mesma época e costumava visitar Peter e Maria Luisa, que haviam trazido do Brasil a imprescindível Zizi, assistente da casa. Elas costumavam se sentar na cozinha do apartamento e conversar enquanto a roupa era lavada.

— Tenho a impressão de que esse foi um dos períodos mais felizes da vida dela. E, em pouco, Lu desabrocharia com a ideia de trazer a Starbucks para o Brasil. Costumava chamar o projeto de "meu bebê" – diz Monica, emocionada com a lembrança, em conversa por Skype em 2012. – Eu tinha 18 anos, e morava do outro lado da ponte, a 15 minutos da casa dela. Vivia aparecendo. Levava meus livros, estudava e vi como ela mergulhava no curso, profundamente. Mas era muito divertido estar lá. Zizi cozinhava para nós e, terminado o estudo, era uma festa.

Festa no apartamento em Cambridge para os colegas da ADL

Abaixo, a companhia de Atsuko Toko Fish, sócia com Larry na Starbucks Brasil

As festas de Maria Luisa, aliás, ficaram na memória da jovem amiga.

— Ela conseguia produzir um tórrido carnaval carioca nas noites frias de Boston, reunindo os amigos da faculdade – continua Monica. – Dançávamos a noite inteira, ela era uma farrista na hora da diversão.

Foi num dos jantares preparados por Zizi que a ideia de conseguir a parceria com a Starbucks avançou para um nível mais concreto. Lawrence Fish, o Larry, e sua mulher, Atsuko, eram frequentes convidados do casal. Velho amigo de Peter, Larry é um apaixonado pelo Brasil, onde residiu entre 1970 e 1975, primeiro como responsável pela área de Desenvolvimento Econômico da USAID – agência oficial norte-americana de fomento das relações internacionais – e depois como vice-presidente no Bank of Boston. Um experiente homem de finanças e de negócios, na época *chairman* do Citizens Group, identificou em Maria Luisa as qualidades de uma líder e apostou na ideia nascente de trazer a rede Starbucks para o Brasil. E conta:

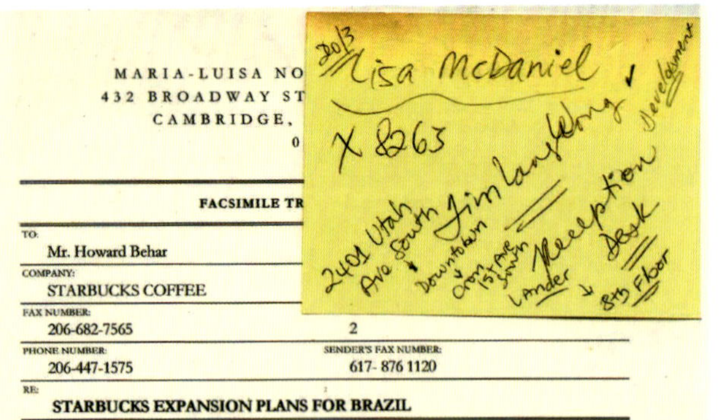

MARIA-LUISA NO
432 BROADWAY ST
CAMBRIDGE,
0

20/3 Lisa McDaniel
X 8263
Jim Langwong
Development
2401 Utah Ave South
Downtown
Reception Desk
8th Floor

FACSIMILE TR

TO:
Mr. Howard Behar

COMPANY:
STARBUCKS COFFEE

FAX NUMBER:
206-682-7565 — 2

PHONE NUMBER:
206-447-1575

SENDER'S FAX NUMBER:
617- 876 1120

RE:
STARBUCKS EXPANSION PLANS FOR BRAZIL

☐ URGENT ☐ FOR REVIEW ☐ PLEASE COMMENT X PLEASE REPLY ☐ PLEASE RECYCLE

NOTES/COMMENTS:

Dear Mr. Behar,

I have just called your office and understand that a brief introduction of my objectives by fax would be helpful to you.

Congratulations on the tremendously successful story STARBUCKS is telling the world! Being a coffee lover myself, I will never forget when I first stepped into one of your stores in Chicago, where my job with United used to take me to quite frequently. There, I enjoyed a very refined and sophisticated overall experience, in tune with the pleasure I take in drinking my capuccino. STARBUCK's "ambiance", your business concept, your standards, your approach to today's customers' desire for specialty experiences is definitely up-to-date, with an international flavor. STARBUCKS has tremendous growth opportunities in the country where I come from, even though this may seem like bringing coal to Newcastle.

If your plans are joint venture partnerships, or some form of franchise including a master franchise, I would like to be considered as a candidate. This academic year I am completing my Masters of Science in Administration at Athur D. Little in Cambridge and could easily visit with you at any time you like in order to discuss your expansion to Brazil.

In regard to my background, it has given me a strong preparation for the type of business you are in. It combines 7 years experience with McDonald's and 8 in the airlines business, in which I pioneered two business ventures, the founding of a full service travel agency and the general management of the Galileo System (United Airlines) in Brazil during its first three years of operations.

My career at McDonald's also took place during its pioneering years when as Administrative Coordinator in Rio and then as Coordinator for Latin American working out of Oak Brook I lived through a dramatic growth process with change being the one permanent feature.

My husband was McDonald's first JV partner in Brazil and sold his interests two years ago after 17 years behind the counter and 60 stores. He now focuses his business and volunteer activities on healthcare, but both of us would be pleased to commit substantial familiy resources to a new venture in the food service business.

If you do not yet have Brazil high on your list of opening priorities, I would still welcome the chance to meet you and understand more about Starbucks.

Sincerely,
Maria Luisa Rodenbeck
Maria Luisa Rodenbeck

— Falamos sobre o crescimento do mercado de café, de como o conceito seria popular no Brasil, e garanti que investiria se Lu conseguisse a parceria.

Leah, filha de Larry Fish, lembra-se de uma citação de Mark Twain em destaque no caderno de anotações de Maria Luisa que confirma sua impressão: *Afaste-se de quem minimiza suas próprias ambições. Gente com mentalidade estreita sempre faz isso, mas as pessoas realmente grandes fazem com que você sinta que pode também fazer algo grandioso.* A proximidade era intensa: Leah chamava Maria Luisa de "minha mãe brasileira".

— Ela era verdadeiramente ambiciosa, mas num sentido muito positivo da ambição, repleta de responsabilidade, interessada em cada um dos que trabalhavam com ela – define Leah. – Ela tinha o desejo de construir uma marca, não pelo dinheiro, mas dando a sua contribuição para que milhares de jovens crescessem como cidadãos e como empreendedores.

A PASTA AZUL

No dia 9 de dezembro de 1996, a revista "Fortune" publicou uma alentada reportagem sobre a Starbucks, intitulada "Inside the coffee cult" ("Por dentro do culto ao café"). Em cinco páginas, a repórter Jennifer Reese analisa a nova mania americana do café *gourmet* – "um *latte* e um *scone* por dia representam um gasto de US$ 1.400 por ano" – e mergulha nos meandros do treinamento dos baristas, "uma das palavras novas que a

Starbucks trouxe para o vocabulário norte-americano". Duas cópias da matéria, cuidadosamente xerocadas, estão guardadas numa pasta azul repleta de recortes; anexada a uma delas, uma folha com os números de telefone e endereços de contato da empresa em Seattle.

É datado desse mesmo dia o primeiro fax de Maria Luisa para a companhia, dirigido a Howard Behar, presidente da Starbucks Internacional.

Caro Mr. Behar,

Acabei de ligar para seu escritório e faço aqui uma breve apresentação por fax.

Parabéns pela incrivelmente bem-sucedida história que a STARBUCKS está contando ao mundo! Sendo eu mesma uma apaixonada por café, nunca esquecerei a minha primeira ida a uma de suas lojas em Chicago, aonde meu trabalho na United Airlines costumava me levar com frequência. Ali, apreciei uma experiência refinada, sofisticada em todos os sentidos, sintonizada com o prazer que tive ao tomar meu cappuccino. O ambiente da STARBUCKS, o conceito do negócio, seus padrões, a maneira de se aproximar do cliente em busca de uma experiência verdadeiramente diferenciada são definitivamente contemporâneos, com um sabor internacional. STARBUCKS tem tremendas oportunidades de crescimento no país de onde venho, mesmo que isso possa parecer como levar carvão a Newcastle.

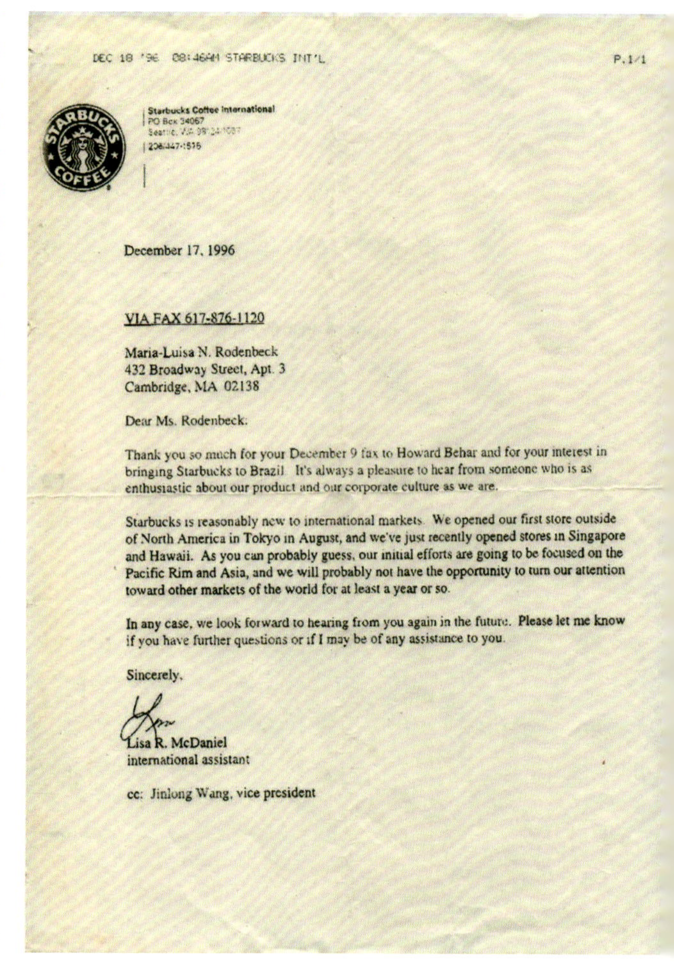

DEC 18 '96 08:46AM STARBUCKS INT'L P.1/1

Starbucks Coffee International
PO Box 34067
Seattle, WA [illegible]
206/447-1575

December 17, 1996

VIA FAX 617-876-1120

Maria-Luisa N. Rodenbeck
432 Broadway Street, Apt. 3
Cambridge, MA 02138

Dear Ms. Rodenbeck:

Thank you so much for your December 9 fax to Howard Behar and for your interest in bringing Starbucks to Brazil. It's always a pleasure to hear from someone who is as enthusiastic about our product and our corporate culture as we are.

Starbucks is reasonably new to international markets. We opened our first store outside of North America in Tokyo in August, and we've just recently opened stores in Singapore and Hawaii. As you can probably guess, our initial efforts are going to be focused on the Pacific Rim and Asia, and we will probably not have the opportunity to turn our attention toward other markets of the world for at least a year or so.

In any case, we look forward to hearing from you again in the future. Please let me know if you have further questions or if I may be of any assistance to you.

Sincerely,

Lisa R. McDaniel
international assistant

cc: Jinlong Wang, vice president

Se as parcerias estiverem nos seus planos, ou algum tipo de

franqueamento incluindo uma franquia máster, eu gostaria de ser candidata. Neste ano acadêmico, completarei meu Master of Sciences in Administration na Arthur D. Little em Cambridge e poderia visitá-lo a qualquer momento para conversar sobre a expansão no Brasil. (...)

Se o Brasil ainda não estiver no alto de sua lista de prioridades, eu adoraria ainda assim ter a chance de encontrá-lo e aprender mais sobre Starbucks.

A simpática resposta da assistente Lisa McDaniel, de 17 de dezembro, com cópia para o vice-presidente da área, Jinlong Wang, desencorajava sutilmente a visita, e contava que "Starbucks é bastante nova no mercado internacional. Abrimos nossa primeira loja fora da América do Norte em agosto, em Tóquio, e recentemente inauguramos lojas em Cingapura e no Havaí. Nossos esforços iniciais, como você vê, estão voltados para a Ásia e as regiões do Pacífico Norte; provavelmente não nos ocuparemos de outros mercados ao menos por um ano ou algo mais".

Acima, com os pais e a irmã na formatura. Abaixo, como oradora da turma, ela dirigiu ao público mensagem de gratidão aos professores

Maria Luisa não desistia. A tréplica seguiria para o fax de Lisa McDaniel em 22 de janeiro de 1997, comentando outra reportagem, essa do "Wall Street Journal", que ficaria guardada na pasta azul ("na qual os planos para expansão na Europa e na América Latina estão citados") e contando que brevemente estaria em Seattle "para um projeto do MBA".

Nesse mesmo fax, ela apresentava uma novidade: "Meu marido encerrou seu ano sabático e acaba de iniciar uma parceria que promete fazer muito sucesso – levou o Outback Steakhouse para o Brasil". A verdade é que Peter, a essa altura, já estava mergulhado até o pescoço na estruturação da nova franquia, e o primeiro restaurante no Rio seria inaugurado em novembro de 1997.

O curso na ADL terminou em junho de 1997 e, na formatura, uma felicíssima Maria Luisa recebeu amigos e família em Boston. No final de agosto de 1997, estavam de volta ao Rio de Janeiro.

7 UMA REVOLUÇÃO CASUAL

MARIA LUISA É A *CFO* DO NOVO NEGÓCIO: OUTBACK STEAKHOUSE BRASIL

Em 1997, os Tigres Asiáticos sucumbem em efeito dominó depois da falência da Tailândia, provocando o que mais tarde se chamou de "primeira crise dos mercados globalizados". No ano seguinte, a Rússia acusa o golpe, sofrendo um dramático desmonte e provocando a fuga de dólares dos mercados emergentes mundo afora – entre eles, o Brasil. Em 1998-1999, a taxa de juros brasileira chegaria a 45% e o real abandonou a paridade com o dólar, subindo 65% entre janeiro de 1998 (cotado a R$ 1,12) e dezembro de 1999 (alcançando R$ 1,85). Apesar das crises mundiais pipocando, mais gente ganhava poder de compra no Brasil pós-Real.

Com José Carlos Portella, amigo desde a chegada de Peter ao Rio

Desembarcada de volta, com o certificado da Arthur D. Little em mãos, Maria Luisa se pôs em campo. Sabia que se qualificara com solidez em Cambridge, Massachussetts – tornara-se uma espécie de líder da turma, pela competência e dedicação – e que entrava em nova etapa. Atualizou o currículo. Começou a analisar diversas propostas.

Mas o panorama, de onde ela enxergava, era muito desanimador. Salários pouco atraentes eram o mais comum. Pior que isso: ela percebia, claramente, que os ambientes profissionais não se enquadravam no que ela considerava saudável – nem de longe. Pelo contrário, surgiam como ambientes pesados, tóxicos, de disputa interna. E Maria Luisa não aceitava o despreparo. Era imensa sua exigência nesse sentido. Consciente de que sua enorme capacidade de trabalho deveria ser bem direcionada, a nítida sensação era a de que estava entrevistando as empresas e não vice-versa.

Num almoço informal com o amigo José Carlos Portella, alguns meses depois da chegada do casal ao Rio, Maria Luisa ouviu dele a pergunta:

— E agora, o que você vai fazer com o que aprendeu no MBA?

— Tenho procurado emprego em bancos, companhias de investimento, mas não aceito o que pagam – respondeu. E continuou: – Há uma oferta, mas podem dizer que é pistolão.

— E você acha válido o comentário? – provoca Portella.

Maria Luisa considera a pergunta e responde:

— De jeito nenhum.

A oferta era para assumir a diretoria administrativo-financeira do Outback do Brasil, novo negócio, que Peter estava trazendo em sociedade com Salim Maroun e Giancarlo Zanolini.

SALIM MAROUN

Os anos 1980 ficaram conhecidos como "a década perdida" para a América Latina, pela retração dos mercados e pela queda do PIB. Para o libanês Salim Maroun, que se tornaria uma pessoa referencial na trajetória de Maria Luisa, um de seus mais importantes parceiros nos negócios e na amizade, aquele período foi de extrema tensão em seu país natal, com a guerra dividindo famílias e empobrecendo a população. Aos 33 anos, ele preparava um novo caminho. Por isso, no domingo, 1º de outubro de 1988, fazia um *pit stop* no Rio de Janeiro, para visitar o irmão de sua mulher. O destino final seriam os Estados Unidos, onde integraria a equipe da Domino's Pizza. Afinal, já havia gerenciado uma rede libanesa de hamburguerias e trabalhara no McDonald's do Canadá. Não falava uma palavra de português. E nem sonhava com a reviravolta que estava prestes a ocorrer.

Às onze da manhã, deslumbrado com a vista da praia de Ipanema, já queria saber o que havia em termos de negócio de *fast-food* na cidade. O cunhado o levou ao McDonald's numa das artérias do bairro, a Rua Visconde de Pirajá, cujo franqueado era o português Luis Pinho, que falava um francês elegante, típico da classe alta lisboeta na qual havia nascido.

— Perguntei imediatamente quem

Comemorando o sucesso do Outback Brasil: turma muito animada

dirigia o McDonald's no Brasil – conta Salim. – Ele me deu o número de Peter Rodenbeck e, no dia seguinte, às 9h, lá estava eu ligando para o escritório. "Preciso falar com Mr. Rodenbeck, estou de passagem." Às seis da tarde, cheguei ao escritório. Às sete e meia, Peter me levou até o elevador e disse: "Você pode se considerar um franqueado". Na quarta-feira, 48 horas depois, voltei para o Líbano e arrumei tudo para me mudar para o Brasil. Minha mulher e as crianças vieram logo depois.

Esse encontro selou uma amizade à primeira vista. Peter e Maria Luisa haviam se casado três meses antes, e a presença dela no McDonald's estava, nesse momento, bem rarefeita; ela vivia ocupada com os projetos da Colortel Turismo. Salim assumiu a loja da Taquara, bairro da Zona Oeste do Rio de Janeiro, pertinho da Cidade de Deus. A língua portuguesa – que, mais de duas décadas depois, ainda era falada com fortíssimo sotaque – foi aprendida pela cartilha dos sanduíches.

— Eu ia comparando o que ouvia em português com o cardápio já familiar – explica.

A energia e a capacidade de comunicação de Salim foram fatores decisivos para a ligação com os Rodenbeck se estabelecer e se fortalecer em estreita convivência. No campo dos restaurantes, trazia uma experiência preciosa:

— Ele havia montado uma rede de fornecedores para as lanchonetes no Líbano, conhecia bem as multinacionais do setor, tinha muitos contatos na Europa e no Canadá de profissionais do ramo que deram excelentes referências – relembra Peter.

Esse intenso e carismático libanês, filho de mãe grega ("o grego é muito trágico", ele diz, explicando o temperamento apaixonado e impulsivo), já gerenciava cinco lojas quando Peter vendeu sua parte do McDonald's Brasil, no final de 1994. Um ano depois, convidado pela matriz a liderar a entrada da rede no Oriente Médio, estava considerando voltar. Era uma grande operação.

— Eu estava decidido a ir – lembra. – Mas a guerra estava fervendo. E Peter me perguntou, sem rodeios: "Você está voltando? Por que você veio, mesmo?" E eu parei para pensar.

O resultado da reflexão: pouco tempo depois, Salim – já fora do McDonald's – reunia-se com Peter para garimpar ideias de um novo investimento no Brasil. A paixão pela operação na área de restaurantes falou mais alto.

Em Cambridge, Maria Luisa provara a si mesma que podia imergir no mundo das finanças sem perder sua capacidade de empatia e a perspectiva humanística. Ali a tradutora, especialista em idiomas e literatura, somava-se à administradora e agora trazia as ferramentas mais afiadas para esse salto. Era a formação completa, numa patamar de capacitação total para a vida de negócios. O seu negócio, um dia.

Para o casal, portanto, o período em Cambridge havia estabelecido um marco de redirecionamento nas trajetórias profissionais, lado a lado; um momento de oportunidades e caminhos abertos. Para Peter, inclusive, a decisão estava em aberto: poderia ser a retirada do dia a dia dos negócios para dedicar-se a atividades beneficentes. E poderia ser uma volta aos negócios com uma franquia inovadora.

Numa entrevista de 2012, Peter conta que Salim, em 1996, havia avisado, numa visita ao casal, que, vendendo suas lojas franqueadas do McDonald's, queria ficar no Brasil "para operar um restaurante de família, talvez de carne". Fora o pontapé inicial para uma "procura, em conjunto, de uma marca de destaque para obter uma franquia", continua Peter.

O foco se definiu: o setor de *steakhouses*, pela grande preferência do consumidor brasileiro por carne bovina. Mas "a churrascaria clássica, com rodízio e espetos, foca em segmentos limitados, tem um clima familiar, de domingos e celebrações", analisava Salim. Nessa época, nos Estados Unidos, uma jovem rede chamada Outback Steakhouse surgia firme no horizonte com um perfil que atraía jovens profissionais, crianças, adolescentes. E trazia um dado crucial: a performance financeira da rede era, disparada, a melhor do setor.

A essa altura, um terceiro sócio havia se juntado à dupla. O engenheiro Giancarlo Zanolini, outro pioneiro do McDonald's, retornava como responsável pela área de desenvolvimento imobiliário após 15 anos no mercado de shopping centers. Giancarlo, que havia morado em Orlando, garantira que "a população brasileira na Flórida, onde a rede tem muitas lojas, já havia aprovado o cardápio", conta Peter na mesma entrevista. Em uma semana, haviam escolhido o Outback e, na primeira reunião, em Atlanta, saíram com a carta de intenções. O ano de 1996 ia pelo meio. O martelo final foi batido em novembro.

Na negociação inicial, a rede havia proposto aos brasileiros a exclusividade em troca do *country fee*, com prazo determinado para a abertura de mais lojas. Só que a ideia de Peter era obter franquia para uma loja no Rio – e ele não aceitava a ideia de pagar um *fee* para ter a exclusividade no Brasil; contava com o interesse do Outback em se associar ao empreendimento, uma vez aberta a primeira loja. Não deu outra. Mais tarde, no meio da construção da segunda loja, o Outback entrou como sócio, com 50% do negócio.

Tudo encaminhado para a abertura. Ou nem tudo: o grupo ainda procurava alguém para administração e diretoria financeira. Os primeiros candidatos não estavam se ajustando ao estilo de trabalho. Mesmo que o momento do país já fosse bem mais fácil em comparação com a época da montagem do McDonald's, a austeridade ainda era a marca do grupo. Quem assumisse o posto deveria se identificar profundamente com esses valores.

BLOOMING

O conceito do "casual dining" pode ser difícil de entender no Brasil. Mas não pela estranheza da proposta: na verdade, pelo excesso de familiaridade, já que a atitude casual, ou informal, costuma ser a regra no país. Nos Estados Unidos, entretanto, o termo veio definir um tipo de serviço de alimentação oferecido há relativamente pouco tempo. Diferentemente do *fast-food* ou QSR (Quick Service Restaurant), os estabelecimentos de *casual dining* têm serviço de mesa, bebida alcoólica e bar separado; são adaptações das tradicionais *trattorias* italianas e dos *traiteurs* da França, que oferecem pratos fartos e rústicos a custo bem razoável, vinho da casa e mesas comunitárias. Os preços ficam num patamar entre os da lanchonete e os do restaurante fino. Um dos primeiros estabelecimentos americanos nesse estilo é a T.G.I. Friday, que nasceu em Nova York em 1965.

A cadeia Outback Steakhouse abriu seu primeiro ponto em 1987, baseada nesse conceito, imaginado por Chris Sullivan, Bob Basham, Tim Gannon e Trudy Cooper. Na Austrália? Não, na Flórida. Aliás, nenhum dos quatro sequer conhecia a Austrália. Os sócios haviam trabalhado na cadeia Steak & Ale, de inspiração sul-africana, inaugurada em 1966 e que fechou as portas em 2008, e resolveram apostar nos pratos de carne e costeletas que constituíam uma nítida preferência americana. O formato intermediário entre o restaurante fino e o *fast-food* tinha como média de preços US$ 15/20 por pessoa.

Para a identidade do projeto, pescaram um réptil: em 1986, o filme "Crocodilo Dundee" fazia sucesso. O jeito bem-humorado, gregário e informal do país dos cangurus combinava com a proposta de ambiente e o cardápio atendia ao gosto por carnes suculentas temperadas ao modo da Louisiana, batatas fritas, frango. E inventaram um pouco: a Bloomin' Onion, cebola gigante empanada e frita, foi desenvolvida a partir de uma ideia de Gannon. O bar, esse sim, trazia marcas de cerveja e vinho australianos. O serviço, sempre amigável e informal, com o garçom atendendo a poucas mesas. Quem sabe, pensaram os três, abririam uns seis pontos e viveriam mais tranquilos, jogando golfe de dia e servindo *steaks* de noite?

Os primeiros tempos foram áridos como a planície do oeste australiano que dá nome à cadeia: conta Gannon que eles ligavam para que os amigos fossem jantar de graça. Mas, em 15 meses, já havia cinco Outbacks funcionando e uma crescente demanda de franqueamento. E filas. Os clientes aguardavam uma média de 30 minutos e consumiam muito no balcão do bar. A capacidade dos restaurantes passou de 160 para 200 lugares, e daí para 240.

No inicio de 1990, inauguraram restaurantes em sete cidades, entre elas Houston e Washington, DC. Em 1992, aclamados como uma das três melhores Pequenas Empresas pela "Business Week Magazine", havia 85 pontos nos Estados Unidos, entre restaurantes próprios, franquias e *joint ventures*. O sistema de franquia do trio inovou: as lojas são operadas por sócios chamados de *proprietors*, que investem uma pequena, mas significativa parcela do custo inicial e recebem dividendos, compartilhando o lucro mensal das lojas.

Em 1995, a cadeia chegou a 297 pontos, com faturamento de US$ 664 milhões. Incorporou algumas marcas, criou outras e começou a expansão internacional pelo Canadá. No final da década de 1990, havia 575 restaurantes Outback nos Estados Unidos e cerca de 40 fora do país. Em 2017, estão em 22 países.

Greg Walther, que estava no grupo dos pioneiros do Outback e era, em 1997, o *CFO* do negócio, foi quem recebeu o telefonema inicial dos candidatos a sócios. E os recebeu em Atlanta, sede do Outback Internacional.

— Já no primeiro momento, vi que Peter e Salim eram pessoas que conheciam profundamente o negócio – conta Greg em 2012. – Estávamos começando a abrir fora dos Estados Unidos e resolvemos apostar. Fui para o Rio, e é praticamente impossível não se apaixonar pela cidade. Foi divertidíssimo e era claramente um excelente mercado para nós. Eu nunca esqueci aquela visita.

SANTO ANTÔNIO NA BASE, QUALIDADE INOVADORA À FRENTE

Maria Luisa carregou com cuidado a imagem de Santo Antônio até o terreno onde começava a obra do primeiro Outback do Brasil, na Avenida das Américas, 6.101, Barra da Tijuca. O santo casamenteiro e protetor dos pobres era uma das devoções de Salim (que diria mais tarde: "nossa construção teve alicerces de crença") e da mãe de Maria Luisa, Dona Nelida. Era final de 1996 e a pedra fundamental seria lançada.

A imagem do santo foi enterrada junto à base. Maria Luisa colocava, lado a lado, no cerne do novo negócio, o simbólico e o concreto, a fé e a realidade. Ainda não estava no time – e nem imaginava que entraria como zagueira –, mas em breve integraria a comissão de frente do Outback Brasil. Naquele momento, examinava o mercado de trabalho e estudava propostas. Era o segundo semestre de 1996 e ela acompanhava de longe as intermináveis reuniões na mesa da cozinha de casa. Todo dia.

Peter, Gian e Salim, aqueles três amigos de longa data, se debruçavam sobre a montagem do negócio. Uma coisa era certa: o sistema de sociedade imaginado pelos fundadores do Outback resolvia um dos grandes impasses no desenvolvimento de um negócio como aquele: rotatividade de profissionais, especialmente no nível de gerência.

Treinar exige significativo investimento de tempo e dinheiro, e manter alguém de confiança no dia a dia do restaurante é fundamental para a estabilidade da empresa e para o tipo de relacionamento com o cliente que o Outback gosta de ter. A figura do "proprietário", alguém com indispensável experiência prévia no setor, faz a diferença: esse *proprietor* investe uma quantia relativamente pequena, recebe a loja pronta e se torna sócio minoritário naquele restaurante, com um salário fixo e um percentual do lucro líquido da casa que dirige, sob um contrato de cinco anos. Alguns desses proprietários alcançam uma nova posição na hierarquia como *joint venture partners*, sendo sócios em um número entre quatro e dez restaurantes.

— A relação é de comprometimento com o negócio, é uma

sociedade – define Peter. – É um motor importante e verdadeiramente consistente no Brasil, que tem uma classe média com coragem e talento para operar. A franquia no nosso país é um sucesso enorme, comparável ao Japão e à França nesse tipo de atividade. E, com esse esquema, o Outback e os proprietários têm feito renovações de contratos em praticamente 100% dos casos; muitos deles permanecem mais de dez anos na mesma loja.

O quarteto do Outback: Peter e Maria Luisa Rodenbeck, Salim Maroun e Giancarlo Zanolini

Esse sistema vinha ao encontro do estilo agregador, objetivo e transparente de Maria Luisa. Era um negócio que tinha como uma de suas pedras de toque a criação de uma cadeia de confiança, o relacionamento profissional que envolvia mais do que a rela- ção vertical entre dono e empregados. Isso definitivamente combinava com ela

Ali começava uma da mais bem-sucedidas operações de implantação de uma rede na área de alimentação no país. Na cabine de comando, um quarteto fabuloso. Maria Luisa assumiria seu primeiro cargo nominal de primeiro escalão depois do MBA; Peter, Salim e Giancarlo, que haviam se separado profissionalmente depois do período McDonald's, juntavam suas forças mais uma vez.

A estrutura começava a ser montada no Brasil.

TREINANDO

Nos primeiros dias de fevereiro de 1997, desembarcavam na Flórida para um treinamento de oito meses Salim Maroun, Bertrand Letouzé e Luiz Augusto Pinto. Salim era o homem de operações por excelência; Luiz, com experiência em hotelaria e restaurantes, trataria de recursos humanos e treinamento. Letouzé, que dirigira a área de suprimentos do

McDonald's, filho de pais franceses nascido no Brasil, entraria como o primeiro sócio-gerente.

O treinamento era na loja de Jeffrey Smith, proprietário do primeiro Outback em Orlando e que chegou ao cargo de presidente da rede nos Estados Unidos, em que ficou até se aposentar em 2016. Salim, Bertrand e Luiz perguntaram pelo manual. "Que manual?", respondeu o gerente. Não havia. Receberam as receitas dos pratos, além de uma tabela de tarefas: cada um cumpria todos os papéis na cadeia de trabalho do restaurante. Bertrand foi fritar cebolas e Salim assumiu a louça.

O primeiro Outback Steakhouse do Brasil – a "casinha", na Avenida das Américas, Barra da Tijuca

— No fim da primeira jornada, Salim já fez sugestões a respeito de todos os procedimentos, da limpeza da cozinha à logística do serviço. Possivelmente, Jeffrey chegou a presidente em função das mudanças sugeridas e implementadas a partir daquele momento – arrisca Letouzé.

O trio começou a ser conhecido na rede Outback americana.

— Éramos apresentados como "as pessoas que têm uma cozinha onde se pode comer no chão", tamanha a obsessão da gente por limpeza – lembra Bertrand. – Sugerimos à matriz diversas mudanças, como a de fazer cozinhas com piso de qualidade, paredes claras, muita iluminação, esfregão a toda hora, e essas ideias acabaram incorporadas aos restaurantes Outback pelo mundo.

A excelência no treinamento brasileiro acabou virando referência para a rede. Cinco anos depois, em 2002, Donnie Everts, na época vice-presidente de Operações Internacionais, revelava em reportagem de Fábio Brisolla para a revista "Veja Rio": "Estamos mandando profissionais de outros países para serem treinados no Brasil".

Enquanto isso, no Rio de Janeiro, Peter tratava de montar

o escritório e Giancarlo dava início à construção do primeiro restaurante. Seguindo as orientações da rede, o local deveria ser acentuadamente residencial. No Rio, a análise cravou: Barra da Tijuca. Na época, Christiano Londres, que em 1999 entraria pela primeira vez numa cozinha de restaurante, nem imaginava que começaria uma carreira no Outback. Passando em frente à tal casa na Avenida das Américas se espantou: "Quem seria louco de construir alguma coisa neste areal?".

Em 2008, Christiano já seria *JVP – Joint Venture Partner* – e emplacaria uma série de prêmios internacionais de gestão da rede.

Maria Luisa havia finalmente desistido de procurar uma colocação – como disse ao amigo Portella, "em bancos, empresas de investimento". Em meio ao segundo semestre de 1997, atendeu à convocação de Salim Maroum e assumiu o cargo de *Chief Financial Officer*, *CFO*, da rede no Brasil, entrando como quarta sócia. Naquele momento, tudo era uma aposta na visão de um promissor novo negócio.

Com Bertrand Letouzé, primeiro *proprietor* no Brasil, na inauguração

A CASINHA ABRE AS PORTAS

Soft opening? De jeito nenhum!

O primeiro Outback – a "casinha", no final da Barra da Tijuca – era uma construção de madeira sobre terreno arenoso, em uma região ainda rarefeita de comércio. E foi inaugurado em 9 de novembro de 1997, com imediato e estrondoso sucesso. A noite de inauguração, já aberta ao público, encontrou uma diretora financeira exausta – havia passado a noite anterior no inventário prévio –, mas encantadora, feliz, indo de mesa em mesa.

O lugar estava lotado. Longas filas se formaram naquela noite quente, já quase verão no Rio.

— Foi a mais alucinada abertura que o Outback Internacional já fez – classifica, rindo, Greg Walther. – Às quatro da manhã, ainda havia gente saindo do restaurante. E hoje posso afirmar: esse é um dos mais bem-sucedidos restaurantes que já tivemos no mundo.

Para a turma por trás do balcão, aquele momento de abertura exigia dedicação 100% – ou mais, como define Beatriz

Godinho, que é, em 2017, uma *JVP* com quatro lojas em São Paulo:

— O começo do negócio precisa de 200% de dedicação. Era todo mundo lá, todo dia, o dia todo.

Maria Luisa, mergulhada de cabeça, corpo e alma na nova função, passou um longo tempo sem uma folga sequer. No mesmo ritmo, estava Bertrand Letouzé, o proprietário da "casinha", que ficou 38 horas sem dormir naquela primeira abertura ("Entrei na véspera da inauguração para fazer o inventário com Luisa, viramos a noite e abrimos") e levou seis meses para ter um dia livre, trabalhando uma média de 15 horas por dia.

Detalhe: as altas taxas de ocupação das mesas, desde os primeiros dias, não se deviam a campanhas agressivas de marketing. Um mês antes da inauguração, foi erguido um solitário *outdoor* na frente do terreno. E bastou. Uma reportagem da revista "Exame", em julho de 1998, registraria que "a casa [*na Barra da Tijuca*], com capacidade para 220 pessoas", vinha "lotando todas as noites".

COMANDANTE E *TEAM PLAYER*

Maria Luisa imprimia ao cargo de *CFO* do Outback a marca de uma doce e firme comandante. Nessa difícil função, no planejamento e na gestão de recursos, seus instrumentos de base eram o conhecimento financeiro e a precisão matemática, talentos que desenvolvera a princípio empiricamente, pela observação, e depois em investimento profundo no MBA. Era mais uma linguagem a dominar e traduzir. Além de cumprir o papel no campo financeiro com rigor, ela estava em todas as tomadas de decisão da empresa.

O presidente da Outback Internacional em 2012, Michael Coble, lembra, em longa entrevista, como ela era "inteligente, com um vasto conhecimento", e trazia ao mesmo tempo "uma efervescente espontaneidade – essas são qualidades que muito raramente estão juntas num grau como ela mostrava".

Já havia mais dois pontos abertos, em São Paulo, quando Giancarlo Zanolini resolveu apostar na contramão da cartilha de distribuição das lojas: sugeriu a abertura de mais um ponto, só que no Shopping New York City Center, a menos de um quilômetro e meio do bem-sucedido restaurante inicial. Peter não quis nem ouvir a proposta, recusou no ato. E Gian foi a Maria Luisa, buscando a confiança que ela depositava no julgamento dos companheiros de trincheira.

— Eu quis montar a segunda unidade carioca precisamente ali – conta Gian. – Pedi ajuda a Luisa, que me disse: "Gian, você acredita nisso, com todo o seu coração? Então vá fundo. Eu apoio você".

Exatamente naquela semana estava chegando ao Brasil o então presidente do Outback Internacional, Hugh Connerty; Gian propôs ao grupo que visitassem um novo local, junto com Salim e Maria Luisa. Entraram no carro, rodaram 40 segundos e estacionaram no shopping vizinho. Connerty só perguntou a Giancarlo: "Você está falando sério?". Do primeiro restaurante era possível enxergar o shopping.

Alinhada com Gian, Maria Luisa ficou firme no apoio. Salim também estava no time da aposta. O americano olhou tudo em silêncio e, ao voltar para o carro, balançou a cabeça em concordância e disse: "Ok. Vocês vão fazer história, seja um sucesso ou um desastre".

Foi um enorme sucesso. Quase 15 anos depois, Peter diria:

— Gian tinha toda a razão: uma loja de rua e uma loja de shopping têm públicos completamente diversos.

Bertrand avalia o impacto na frequência da sua loja, número a número.

— No primeiro mês em que funcionou o ponto do New York City Center, o meu restaurante, que foi o primeiro da rede e ficava ali pertinho, teve uma queda de 10% no faturamento; no segundo, de 5%; e, no terceiro mês, voltei ao meu patamar e a nova loja no shopping superou a minha em vendas.

Para Giancarlo, ali se comprovou mais uma vez a qualidade de *team player* de Maria Luisa.

— Isso faz toda a diferença, estar ombro a ombro com seus companheiros de projeto – analisa. – Nesses momentos, vamos ganhar juntos ou perder juntos. Essas pessoas especiais, a quem você confia sua vida profissional, com quem compartilha sonhos, visões, estão muito acima dos que estão preocupados apenas em gerenciar a própria carreira.

E Maria Luisa aplicava ali sua cartilha. A decisão de jogar em conjunto, em harmonia, era uma constante. Bia Godinho, uma das pioneiras e mais premiadas *proprietors* do Outback, diverte-se ao rememorar uma cena.

— Num evento para investidores e convidados, um jogo de polo, montamos a estrutura de *catering* na Sociedade Hípica, em São Paulo. Foi uma loucura – descreve. – Maria Luisa, toda elegante, atendia aos convidados e volta e meia entrava na cozinha para ajudar a lavar a louça, debaixo dos nossos protestos!

Bia se enxerga como Maria Luisa, uma mulher num mundo onde predominam os homens, o mundo dos restaurantes.

— Mas Luisa não ficava atrás na hora de exigir desempenho e de dar um puxão de orelha.

Roy Cox, proprietário de um dos restaurante em Botafogo, Rio de Janeiro, via a profissional objetiva, mas empática.

— Luisa era direta e clara, doesse a quem doesse, sem uma preocupação cosmética do politicamente correto, mas cheia de respeito; e nunca perdia a classe, mesmo quando estava soltando fumaça pelos olhos numa reunião. Mas até brigar com ela era fácil: tratava-se, sempre, de uma briga limpa.

O pernambucano Ricardo Carvalheira, convidado mais tarde por Maria Luisa para ser seu imediato na operação brasileira da Starbucks e, em 2017, presidente da rede de *italian grills* Abbraccio, tem uma nítida lembrança da diretora exigente:

— Ela era muito detalhista. Exigia as informações por escrito, queria os resultados muito claros, até porque tinha de consolidar tudo aquilo para nosso sócio em Atlanta, explicar e reportar as variáveis.

No dia a dia, confirma Ricardo, Maria Luisa era "extremamente objetiva – muitas vezes, com a faca nos dentes, eu diria", define ele.

— Ai do proprietário que não mostrasse os resultados de acordo com a projeção – revela. – Não bastava só apresentar os números corretamente: tínhamos que explicar tudo, sem informações reticentes ou respostas evasivas.

Leonardo Oliveira, que prestou serviços na área de tecnologia para o Outback, descreve uma cena típica:

— Ela chegou avisando que queria uma parceria de TI para o grupo. Disse: "Tive um prejuízo gigante e *my partners* não vão permitir *bad decision* again", misturando mesmo os idiomas. E continuou: "Estou testando duas soluções e você precisa mostrar que é suficientemente competente para a nossa parceria. Portanto, nas próximas duas semanas, ficaremos de 8h às 13h trabalhando para configurar sua solução do jeito que eu preciso. E, como sou direta, aviso que, das 14h às 18h, estarei avaliando seu concorrente". Assim foi, deu tudo certo e, alguns anos depois, ela me confidenciou: "Leozinho, no segundo dia, seu concorrente estava descartado. Só que a pressão continuou até o último dia!".

COMO UMA FAMÍLIA

Em 2001, já existiam sete restaurantes operando no Rio e em São Paulo. E preparava-se a abertura de mais uma unidade carioca, em Botafogo, no shopping chamado, a princípio, Off Price. Na fila para operar esse restaurante estava o baiano – apesar do nome – Roy Cox, ex-gerente de operações do McDonald's em Salvador e de volta ao Brasil depois de um período na Flórida.

— Em 2000, decidi voltar ao país e queria muito entrar no Outback. A espera por uma unidade se prolongou até o ano seguinte e, finalmente, marcamos uma data para o início do meu treinamento: 12 de setembro. Mas, na véspera desse dia, o atentado que paralisou o mundo congelou também o cronograma, e a abertura foi adiada até junho de 2002. Demorou demais, mas acho que era uma sorte grande me esperando.

O restaurante abriu lotado e bateu todos os recordes mundiais da cadeia Outback nos anos seguintes. Uma das inovações brasileiras começou nessa loja e, em seguida, foi adotada na filial Eldorado, em São Paulo: o funcionamento na hora do almoço. No perfil original da empresa, desde sua inauguração, servia-se apenas jantar, por uma decisão estratégica inicial dos fundadores: abriam-se restaurantes em locais mais residenciais, cujo aluguel é menos caro do que nos centros comerciais, e poupava-se na estrutura. "O almoço complica as operações", explicou um dos fundadores, Chris Sullivan, à revista "Fortune" em 1993, "e desgasta demais a equipe." Os donos, afinal, queriam qualidade de vida para quem operava os restaurantes.

— Já havia algumas experiências na Ásia, mas não era uma orientação oficializada. Nós bancamos.

A direção internacional acatou a experiência.

— Eles eram tão absolutamente organizados que tínhamos total confiança nos rumos que estavam imprimindo à rede – relembra Greg Walther.

Gordon Simmonds, que criou nos anos 1960, no Rio, a cadeia de lanchonetes Gordon, vem atuando desde 1999 em compras e importações no Outback e oferece uma definição resumida da fórmula do sucesso alcançada pela rede:

— Comida boa, bem servida, de maneira ágil, com bom humor, por gente que quer servir bem, a preço bem razoável. Caiu no gosto do brasileiro.

Aquelas filas provaram, sem demora, que a mira estava perfeita. E tinha tudo a ver com o que acontecia no *backstage*. Maria Luisa sabia disso e aplicava a combinação de eficiência e humanidade numa mistura que dava certo. Não abria mão disso.

JUNIOR ACHIEVEMENT

"Muitas vezes, a pessoa tem a noção de que fazer um trabalho voluntário é fazer um grande sacrifício. Sacrificar muitas horas, doar alguma coisa (...). Não é nada disso. O programa Junior Achievement tem a vantagem de fazer com que empresários, como nós, ou nossos colaboradores, deem o que eles têm de melhor: a sua experiência, seu conhecimento, a espontaneidade no que fazem, com amor".

Era Maria Luisa quem dizia essas palavras no vídeo da organização social internacional Junior Achievement. Rodado no início de 2006, o filme reunia empresários, executivos e funcionários de várias companhias brasileiras e multinacionais envolvidas com o programa. Ela era uma das mais entusiasmadas voluntárias do projeto que oferece, além de ferramentas para a iniciativa de realização de projetos empresariais, um estímulo ao pensamento ético, à transparência, à honestidade. "Um aprendizado para a vida", Maria Luisa dizia. Quem tinha a sorte de cruzar com ela conhecia uma instrutora de primeira, que cativava os jovens. Ainda como voluntária, colocava-se à disposição do programa. Fez, em uma ocasião, todo o plano de contas da entidade – em um único fim de semana.

A JA, fundada em 1919 nos Estados Unidos, está, em 2017, em 124 países. Chegou ao Brasil em 1985, trazida por Jorge Gerdau e tem representações em todos os estados brasileiros. Só no país, são cerca de dois milhões de jovens beneficiados pelo programa que leva voluntários do mundo corporativo às escolas – mais de 700 empresas já participaram – para abrir aos estudantes os horizontes do empreendedorismo em programas como Miniempresa e Liderança Comunitária. Além de apresentar aos alunos de escolas particulares e públicas os critérios e o passo a passo para constituir e administrar um negócio, incentiva o espírito de doação dos "instrutores", de qualquer nível na hierarquia das empresas, atuando como orientadores e conselheiros.

Um dos fundadores da Junior Achievement Brasil é Marcelo Carvalho, da Ancar Ivanhoé, atuante no programa desde 1999.

Entre os jovens que tiveram contato com Maria Luisa através do JA, está Ana Clara Leite. Ela era uma estudante do Instituto de Educação, na Tijuca, Rio, quando participou dos programas da Junior – e foi como Empresário Sombra que acompanhou Maria Luisa ao longo de um dia de trabalho, em 2001. Naquele vídeo de 2006, Clara conta sua experiência – que incluiu participar de uma audiência de conciliação, onde ela foi instada a dar sua opinião – e conclui: "Lidar com as pessoas é o maior desafio." Em 2012, conta que carregou para a vida muitas lições daqueles momentos – inclusive a decisão de fazer Administração de Empresas ("Gostei daquele mundo"), especializando-se na área de Sustentabilidade. E avalia:

Com Ana Clara Leite, que foi Empresária-Sombra no programa Junior Achievement

— Maria Luisa conseguia trabalhar a equação que reúne respeito e exigência de qualidade. Acompanhei de longe a maneira como ela lidou naquele dia com diversas situações. Uma delas, a relação complicada de dois funcionários que não estavam se dando bem. Ela foi delicada, sem criticar ou ofender, mas austera e firme. É uma questão de sustentabilidade nas relações humanas. Vi, ali, que é possível para uma empresa ter boas relações humanas e também rentabilidade. E ela era mestre nessa soma. Conseguia levar às pessoas aquilo em que acreditava, traduzir seus objetivos.

A Junior Achievement Rio e o Outback Brasil criaram em 2007 o Prêmio Maria Luisa Rodenbeck, para a melhor Equipe Empreendedora do programa Miniempresa: troféu e jantar festivo no restaurante. É um dos mais disputados. E apreciados

FORNECEDORES LOCAIS E TREINAMENTO À PERFEIÇÃO

As lições aprendidas na montagem e na operação da rede McDonald's Brasil foram bem aplicadas, e ali estava uma equipe com essa experiência assimilada a fundo. O grupo de Peter, Maria Luisa, Salim e Giancarlo sabia da importância do funcionamento bem azeitado de dois pontos-chave do sucesso.

O primeiro era criar e ajustar a cadeia de fornecedores locais, trabalhando "para substituir maciçamente as importações por produtos nacionais; um bom franqueador vai concordar, desde que se cuide da qualidade", nas palavras de Peter Rodenbeck; o segundo, não abrir mão da excelência em seleção e no treinamento.

A cadeia de fornecimento – *supply chain* – já costuma ser um complicado jogo de xadrez numa situação onde os produtos são locais. No caso do Outback, e como havia sido na implantação do McDonald's, os produtos importados eram exigidos para manter a identidade da rede; era preciso, com cuidado, calma e muita pesquisa, oferecer alternativas economicamente viáveis. E obter a autorização da matriz para a substituição, no *International Food Check* da rede. As *ribs*, por exemplo: "Indicaram um produto da Dinamarca. Mas bastou degustar o nosso e analisar uma planilha de custos e esse assunto ficou resolvido para sempre", conta Peter, em reportagem de 2009. Incluíram no cardápio, claro, a picanha – "considerada um patrimônio cultural brasileiro", salienta Maroun, o libanês naturalizado brasileiro, em reportagem do G1 de 2011. E, em outra reportagem, Peter, como se estivesse ao lado dele, complementa, bem-humoradamente: "Muitos gostos são universais. Com a grande exceção do pão de queijo, que, todo o mundo sabe, faz uma falta inexplicável no resto do mundo".

O segundo item determinante é a área de recursos humanos – seleção, treinamento, a administração do dia a dia do corpo de funcionários em todo o seu espectro técnico e de conhecimento humano.

— Aqui, é fundamental a vontade do *proprietor*, o *managing partner*, dando o melhor de si para chegar ao sonho dele – ressalta Gordon Simmonds.

Na reportagem de 2011, diz Salim: "É um investimento relativamente pequeno e serve para mostrar boa-fé e seriedade. Mais do que o investimento, queremos a dedicação e o *know-how* da pessoa. "

Mesmo numa diretoria mais técnica, Maria Luisa não deixava de se envolver com todas as instâncias da empresa.

— Assim como na abertura do primeiro restaurante, ela ia de madrugada ajudar no inventário em todos os pontos que abrimos – conta Roy Cox. – E fazia o que fosse necessário para dar suporte em fechamentos mensais, por exemplo.

Christiano Londres ressalta que Maria Luisa fazia questão de estender o que ele chama de "senso de propriedade" a todos os funcionários.

— Ela estimulava o "pensar grande", a responsabilidade de todos, dizendo: "Isso é o que vai te destacar, é o diferencial."

E conta, rindo, a impressão que teve logo ao conhecer Maria Luisa:

— Parecia que o dia dela tinha 48 horas, que ela tinha quatro braços, oito pernas, fazia um zilhão de coisas ao mesmo tempo. Nunca vi uma pessoa tão determinada, focada e detalhista. O senso de urgência dela era incrível. Numa reunião, se a gente decidia alguma coisa, ela já mandava um e-mail, pegava o telefone, resolvia. Na hora.

Em todas as pré-aberturas, chamadas "noite de família"- – quando os funcionários convidam parentes e amigos para uma espécie de pré-estreia –, Maria Luisa costumava brilhar, como relembra Elen Cuña, que entrou como atendente em 2002, foi gerente de comunicação de toda a rede e, em 2017, continua no Outback – só que na Austrália.

— É comum o funcionário se sentir distante da diretoria, mas não no Outback: Luisa era a simplicidade e o carinho em pessoa. Até o décimo ou o décimo primeiro restaurante, ela sabia os nomes de todos os funcionários em todas as unidades.

As leis trabalhistas brasileiras às vezes pareciam incompreensíveis para a diretoria do grupo em Atlanta. Walther recorda que, frente aos números consolidados da planilha dos salários, sentia a cabeça rodar.

— Nunca esqueci isso: para entender o peso dos impostos e taxas que transformavam um salário no gasto quase dobrado do pagamento nominal, peguei um avião e vim checar, passo a passo, o que acontecia. E Lu teve a paciência de me explicar tudo, até que eu compreendesse.

A "lição" foi *in loco*: Maria Luisa pegou Greg Walther no aeroporto e o levou diretamente a uma junta comercial no Centro do Rio, onde uma parte da documentação estava sendo processada.

— Eu não podia acreditar: nunca tinha visto tanto papel, tanta gente, tantas voltas a serem dadas... enlouquecedor.

Ana Keila Marchiori, advogada trabalhista da empresa Dias e Pamplona, que atende ainda hoje ao Outback, lembra que Maria Luisa ia a todas as audiências – para surpresa dos juízes.

— Ela era uma guerreira. Ganhávamos uma grande parcela dos processos, mais de 70%, em especial porque ela batalhava pessoalmente nas audiências e porque, dados o carinho geral e a sua proximidade com o corpo de funcionários, nunca era difícil angariar testemunhas a favor da empresa. Iam todos de boa vontade.

Segundo Christiano Londres, ela enfrentava as audiências, mas muitas vezes desmoronava depois.

— Lu não se conformava com mentiras ditas na frente do juiz. Ficava possessa com a injustiça.

FALE COM ELA

Foi a carioca Elen Cuña quem herdou, em meados de 2005, uma atividade que Maria Luisa abraçara desde o início da rede Outback Brasil: responder, pessoalmente, a cada uma das solicitações que chegavam pelo Fale Conosco da *homepage*.

— Ela não deixava ninguém sem resposta – garante Elen, que calcula o volume de contatos, no final dos anos 1990, em cerca de 600 por mês. – Se chegasse um elogio, também encaminhava ao restaurante, para que o funcionário recebesse o reconhecimento devido; quando era uma crítica, uma reclamação, apurava, respondia e cobrava providências. Havia também aqueles contatos em que dava para sentir um certo desejo do cliente de ter alguma vantagem indevida, e Luisa sabia colocar limites, com luvas de pelica.

Essa experiência direta com a base de clientes foi decisiva, na opinião da irmã, Vera Novello:

— O Fale Conosco trouxe a consolidação dessa interatividade, a percepção do consumidor em *close up*, e principalmente a ideia de que o cliente pode falar que será ouvido. Era um exercício de compreensão do seu público que ela fazia com um prazer enorme.

MAS, EM CERTOS CASOS, NÃO FALE COM ELA

Se Maria Luisa estava disposta a se engajar em qualquer batalha pela empresa e pelo corpo de funcionários, em sua área ou em qualquer setor ("das questões trabalhistas aos meandros do direito de consumidor, passando por acompanhamento de *blitzes* da Vigilância Sanitária", como enumera Roy Cox), muitas vezes levantou a bandeira de uma postura da qual o grupo não abria mão: nunca, em momento algum, seguia-se pela seara do "jeitinho" em fiscalizações.

Tânia Hernandes, chefe do Departamento Pessoal do McDonald's, busca no início das operações da empresa as diretrizes que nunca deixaram de valer para os Rodenbeck:

— Peter sempre disse: "Não se negocia, não se dá dinheiro para fiscal. Nunca damos. Não temos fiscais como sócios."

Mais de uma vez, Maria Luisa se viu em situações de confronto e, desde sempre, a mais completa transparência e a firmeza foram regra.

— Uma vez, já no terceiro ano de operação, um fiscal passou dias tentando encontrar alguma falha – recorda Peter. – Ele achou uma vírgula, literalmente, errada e aplicou uma multa de R$ 300. Lu foi pessoalmente tratar do assunto na instância superior e reverteu a multa com as informações objetivas e esclarecimento às autoridades.

Peter oferece uma metáfora que define precisamente a política frente a uma situação como essa:

— Se fiscal dançava uma determinada música, a gente dançava

O casal Rodenbeck com Christiano Londres, proprietário de sucesso do Outback, no Leblon, Rio de Janeiro

outra, e ele não tinha como acertar o passo. Lu era habilidosa, simpática e, apesar do desgaste, sempre tinha sucesso nesses momentos.

Outra função delicada que Maria Luisa tratava de assumir, no mesmo diapasão, era liberação de importações – habilidade que mais tarde ela teria de exercer numa intensidade e frequência muito maiores, na diretoria-geral da Starbucks Brasil. Mauro Guardabassi, vice-presidente de operações no Outback em 2012, dá uma medida da determinação:

— Ela se sentava com a pessoa responsável pela liberação no porto e não sossegava enquanto não conseguia. O responsável saía para o almoço, ela ficava esperando até o entrave ser resolvido.

GRANDES PAIXÕES E ALGUNS FREIOS

Não se pode deixar de mencionar que Peter voltava a ser chefe de Maria Luisa. Pela segunda vez na vida – mas, agora, em circunstâncias muito diversas daquela primeira experiência no McDonald's, de 1981 a 1986. Talvez não exatamente "chefe".

— Era mais uma equipe, que eu coordenava – descreve ele. – E a Lu dominava a função e as responsabilidades de tal forma que ninguém era chefe dela. Eu era mais *mentoring* do que chefia; sua experiência anterior no contato com negócios internacionais era vasta e a confiança que ela merecia da parte de todos era absoluta. Ela agia com muita independência.

Christiano Londres, em longa entrevista concedida no final de 2011, testemunha:

— Cansei de ver Peter dar broncas na diretora financeira e ela rebater como tal.

Salim Maroun, que se vê igualmente emocional ("como a italiana Maria Luisa, eu não sei atuar sem a minha sensibilidade, éramos muito intensos, ela e eu"), analisa os papeis do trio no mesmo viés:

— Tudo [*em Luisa*] era absoluto, ela era a suprema vontade de fazer alguma coisa acontecer. Não tinha 99, era tudo cem.

Peter é, várias vezes, o homem dos freios – "Vamos parar para pensar um pouco mais", ele diz. Havia momentos em que nós dois, com a nossa velocidade, não imprimíamos o ritmo certo. E Maria Luisa não tinha qualquer vantagem por ser mulher de Peter – ao contrário, até: "apanhava" por isso. Peter aplicava nessas questões o filtro do bom senso, sem ser apaixonado, porque grandes paixões criam grandes decepções.

PORTAS SEMPRE ABERTAS

Se ela podia ser muito dura, quando necessário, o sentimento humanitário, a doçura e a compreensão faziam parte indissociável de sua personalidade profissional.

— O fato é que a Luisa não conseguia trabalhar direito se não estivesse num ambiente corporativo muito saudável – explica Ricardo Carvalheira. – E eu aprendi com ela a aperfeiçoar esse lado. Se existe uma nuvem carregada, é preciso ir até o fim para resolver. Lu mantinha portas abertas inclusive para ajudar em problemas pessoais, até porque isso, em última análise, impede o funcionário de fazer bem o próprio trabalho.

Esse cuidado com o ambiente, com a gestão das pessoas – um dom pessoal que Maria Luisa desenvolvera e sabia colocar no trabalho – chegava, às vezes, a patamares quase inacreditáveis.

— Ela tinha uma sensibilidade imensa e um desejo de ajudar em altíssimo grau – continua Ricardo. – Um exemplo bem significativo aconteceu na minha frente. A Lu estava em plena reunião, em São Paulo, e recebeu um telefonema da manicure que a atendia no Rio. A moça estava apanhando do marido. Ela pegou um avião, foi à casa dela, resgatou-a e voltou para a reunião na manhã seguinte.

A imagem de defensora das pessoas é unânime. Christiano Londres, Roy Cox, Elen Cuña, rigorosamente todos recordam que Maria Luisa sempre recebia, ouvia e ajudava quem a procurasse. Cox se emociona a fundo recontando o apoio incansável recebido de Luisa e Peter quando sua filha mais nova, Louise, foi diagnosticada com retinoblastoma, um tumor maligno na retina.

— A loja estava recém-inaugurada e eu perdi o chão. Liguei

imediatamente para Lu, que em questão de horas tinha tomado todas as providências possíveis. Eles nos apoiaram em todos os procedimentos, chegaram a ajudar em despesas pessoais, era uma proximidade de família.

O período difícil – que teve final feliz – foi encerrado com uma recepção de boas-vindas que os Rodenbeck prepararam em sua casa, no fim do tratamento de Louise.

— Ela simplesmente transpirava hospitalidade – define Donnie Everts, em 2012, o vice-presidente de operações internacionais do Outback. – E nosso negócio é sobre receber bem as pessoas.

Elen Cuña reforça a percepção, do ponto de vista interno:

— Luisa era justa, honesta, profissionalíssima e conseguia tratar todo mundo de maneira igualmente atenciosa, do atendente aos sócios internacionais. Assim, ela fazia com que o melhor de cada um aflorasse.

Ou, nas palavras de Bia Godinho:

— As pessoas não são insubstituíveis, mas algumas são inesquecíveis. É o que ela foi.

ENQUANTO ISSO, NA PONTE RIO-SEATTLE...

*Não, caro Larry [*Fish*], NÃO desisti da ideia de trazer a Starbucks para o Brasil. Na verdade, esse sonho nunca foi tão vívido como é agora. Tomei coragem e consegui uma reunião em Seattle com Mr. Wong, o vice-presidente para a Expansão Internacional. Ele havia chegado há pouco de Taiwan, onde fechou um acordo de parceria e, apesar de muito cansado e afogado em papelada, ele dedicou algum tempo a me atender como potencial candidata e anotou muita coisa. Ele ficou impressionado, naturalmente, pelo fato de nosso grupo ter levado o McDonald's para o Brasil e estar tendo tanto sucesso com o Outback.*

Bom, esse jovem chinês não tem muita informação sobre a América do Sul, muito menos do Brasil; não fazia a menor ideia de que São Paulo tem 22 milhões de pessoas, por exemplo. Dei a ele um belo business plan, *de 15 páginas, com o que aprendi em Boston na criação de um eficiente, informativo e criativo BP, e ele voou para as informações financeiras do negócio; não demorou a perceber que os custos trabalhistas fazem com que o empregado seja mais caro que nos Estados Unidos, apesar de ganhar um salário menor.*

Enfim, ele certamente gostou da conversa, e disse que eu seria contactada por eles quando o momento chegasse. Aparentemente, não será tão cedo. Perguntei também se ele havia recebido muitas propostas de parceria do Brasil, e a resposta foi positiva. Mas, disse-me ele, nunca havia recebido uma visita pessoal até então. Quando eu perguntei quais os pré-requisitos para alguém se tornar parceiro deles, a resposta foi: 'aqueles orientados para os serviços e para gente, como você, e não necessariamente alguém da área do café'. A resposta me agradou imensamente, como você pode imaginar.
E, adivinhe: encontrei Howard Schultz EM PESSOA! Ele estava acompanhando alguém ao elevador e eu aguardava na recepção para ser atendida por Mr. Wang. Não pude resistir, Larry! Muito elegantemente (espero!) e ainda assim animadíssima, me apresentei e entreguei uma cópia do business plan. *O sorriso luminoso, a gentileza para com essa estrangeira impertinente ("tinha" que ser uma italiana...!), sua alegria ao ver o*

MARIA LUISA NOVELLO RODENBECK
AV. GENERAL GUEDES DA FONTOURA 211/301
BARRA DA TIJUCA RIO DE JANEIRO RJ 22621
BRASIL

FACSIMILE TRANSMITTAL SHEET

TO:	FROM:
Larry Fish	Lu
COMPANY:	DATE:
Citizens Financial Group, Inc.	April 2, 1998
FAX NUMBER:	TOTAL NO. OF PAGES INCLUDING COVER:
401 455-5921	1
PHONE NUMBER:	SENDER'S FAX NUMBER:
401 456-7953	55-21-4934775
RE:	
STARBUCKS	

☐ URGENT ☐ FOR REVIEW ☐ PLEASE COMMENT ☐ PLEASE REPLY ☐ PLEASE RECYCLE

NOTES/COMMENTS:
Dear Larry,

Thank you so much for your kind fax. I have lots of news about this prospective venture;

1. No, I have NOT given up the idea of bringing Starbucks to Brazil and managing it myself, as a matter of fact, it has never been such a vivid dream before, as it is right now;
2. It took me a good dose of courage, but I managed to get myself an appointment with Mr. Wong, the Vice-President for International Expansion, RIGHT THERE! Yes, in Seattle. I was there 2 weeks ago, all by myself. He had just arrived from Taiwan, where he closed the deal – a new partnership there – as the article on the Financial Times shows, and, although very tired and drowning in papers, at his office, he took the time to actually superficially interview me as an interested candidate, and took lots of notes. Naturally, he was well impressed with the fact that our group has brought McD to Brazil, and that we are enjoying such a huge success with Outback. (McD has always been and will always be a valuable piece of information in anybody's resume...) Anyway, this young Chinese clearly does not have much information about South America, let alone Brazil, and had no idea that Sao Paulo has 22-23 million people, for example. I gave him a nice Business Plan, about 15 pages long (with everything I learned in Boston as far as how to create an effective, informative and creative BP), and he zoomed right into the financials of the business; he did not fail to notice how social charges make Brazilian labor (mind you!) more expensive than in the USA, regardless of the fact that the Brazilian employee himself receives less than his American counterpart; all in all, he really enjoyed speaking with me for a while, and said that I will hear from them when the time is right; apparently, this will

not happen until some time early next year, when they envision to look at other parts of the world. I have asked him whether he has already received many letters of interested parties in Brazil, and the answer was affirmative. However, he had not received a personal visit from Brazil until then. Also, when I asked him about the pre-requisites for an individual to become a partner of theirs, his reply was "service-oriented people like you, and not necessarily someone already related to the coffee industry". That answer pleased me immensely, of course...
3. And last but not least, I have met Howard Schultz IN PERSON!!!!!!!!!!!! Before being invited into Mr. Wong's office, Mr. Schultz came to the reception. He was walking a friend to the elevators, and I just could not resist, Larry. Very elegantly (I hope!), and yet very excited, I introduced myself and gave him his copy of the business plan which I intended to give to Mr. Wong, to be forwarded to the president later. His SHINING smile (just like yours!), his humble approach to an impertinent stranger (must be an Italian...), his excitement to see Starbucks logo on the front page of this so called Feasibility Study for the Introduction of Starbucks in Brazil – all this was just MAGIC !!!! I cannot emphasize enough how fortunate I feel to have met him personally, even if eventually nothing happens – which I doubt! I do have a lot of confidence in my study, my boldness, my stamina, and my energy to put forth this marvelous project, specially with such great friends like you giving me all this incentive !
4. Just recently, though, some interesting partnerships have been consolidated: Sara Lee bought Café do Ponto (local coffee shops chain with 72 locations, nationwide...) I will translate this article from OGLOBO and send it to Mr. Wong immediately, of course. This might cast some light on and render credibility to my business plan, in which I explain how and why Brazil is a great market for this business.

Meanwhile, I am having a great time at Outback. Sales are record breaking every month (Peter will bring you up to speed on that); I am getting all the experience I will hopefully employ in the new venture, and, most importantly, my partners there are not only supporting me, but also beginning to share the excitement of the new possibilities appearing in the horizon. Outback in Brazil is indeed already a great "celeiro" of talents who will definitely be needed to make the Starbucks project happen and prosper.

Well, my dear friend, thanks again for your continuous support, and I hope we can soon celebrate together what seems to be the beginning of an exciting and successful partnership.

Please tell Atsuko and the kids that I miss them, and that I send my very best regards and a warm abraço. I can't wait to see you sometime in May, when I plan to be visiting you, folks, with Peter. I understand you guys have a meeting about the trip to Nepal, right?

Grande abraço e beijos!
Maria Luisa

2

logo da Starbucks na capa do plano... foi definitivamente MÁGICO! Não conseguirei descrever como me senti afortunada por encontrá-lo pessoalmente, mesmo que nada venha a acontecer – o que eu duvido! Tenho muita confiança no meu estudo, na minha ousadia, na minha energia para levar adiante esse maravilhoso projeto, especialmente com grandes amigos como você dando todo o incentivo!

Enquanto isso, estamos vivendo momentos maravilhosos no Outback. Vendas batendo recordes todos os meses; e eu estou tendo toda a experiência de que preciso, espero, para levar adiante o novo projeto. Mais importante que tudo, meus parceiros estão não somente me apoiando; estão começando a sentir a mesma animação pelas novas possibilidades no horizonte. Outback Brasil é, definitivamente, um celeiro de talentos que serão fundamentais para fazer o projeto Starbucks acontecer e prosperar.

Maria Luisa ao amigo e potencial investidor Larry Fish num fax de abril de 1998.

A pasta azul de recortes, anotações e cópias de faxes – mais tarde, de e-mails – continuava a engordar. Maria Luisa mantinha um olho permanentemente focado no mercado das cafeterias, enquanto a cadeia Outback Steakhouse no Brasil continuava a crescer na virada do milênio. A cada passo da Starbucks no mercado internacional, uma felicitação. A cada informação sobre mudanças no *market share* das grandes companhias do setor, a cada sinal de alterações na estratégia de marketing, notícias sobre fusões ou chegada de novas marcas, Maria Luisa mandava uma lembrança direta e marcava presença. *Top of mind.*

No arquivo estufado, estão reportagens como a da revista "Business Week" que fala da entrada da Dunkin'Donuts no mercado de café e a da "USA Today" sobre a abertura das primeiras lojas da cadeia em cidades menores. "Acaba de ser divulgado na imprensa que [*a companhia*] Sara Lee adquiriu a rede de cafeterias Café do Ponto, que tem 72 lojas, segundo meu estudo. Isso abre um novo desafio para quem chegar, já que Sara Lee vai introduzir um novo conceito de cafés especiais", escreveu Maria Luisa em um fax para Jinlong Wang, naquele momento ocupando o cargo de vice-presidente Internacional da rede, de abril de 1998. "Vamos esperar para ver. Mais notícias depois", ela encerrava. E não falhava nas notícias.

Se Howard Schultz, que em 1999 publicara seu primeiro livro, "Dedique-se de Coração", falava em crescer "uma xícara de cada vez", era no mesmo viés que ela não deixava o ânimo esmorecer. A jornada era dupla. No presente, dedicada ao Outback; no futuro, o sonho da Starbucks. Em 2001, finalmente, um passo concreto seria dado.

8 PRIMEIROS CONTATOS

AVANÇOS, RECUOS, PARADAS E O RETORNO À ESTRADA

O passo ainda cauteloso para a entrada da rede Starbucks no Brasil, sonho de Maria Luisa, coincidiu com a chegada à equipe de Desenvolvimento Internacional da Starbucks de um executivo de ascendências mexicana e alemã, vindo da Coca-Cola: Pablo Arizmendi-Kalb.

— Em 2001, os planos da empresa estavam apenas começando a incluir a América Latina e, a princípio, focamos nos países de maior território, México e Brasil – conta Pablo em 2012, época em que ocupava o cargo de vice-presidente e *general manager* da região. – Mas havia questões a resolver no Brasil, que assim foi deixado para mais tarde. Então, começamos pelo México, por Chile, Peru e Porto Rico, em 2002 e 2003.

As tais questões diziam respeito ao potencial de expansão da rede no país ainda monetariamente instável, mesmo com uma classe média em ascensão. Uma prospecção incipiente havia acontecido na virada de 1999 para 2000, quando uma equipe da área de compras da empresa americana fez uma primeira visita, procurando Washington Rodrigues, sempre à frente da Ipanema Coffees, que passara a vender, em 1997, seu Ipanema Bourbon para a Starbucks. Era a chamada desse café que Maria Luisa avistara no *banner* perto de casa, em Cambridge. Mas o presidente da *holding*, Julio Bozano, "não quis nem começar a pensar em se associar à Starbucks", lembra Washington. Na contramão, a Ipanema decidiu entrar no varejo, abrindo uma pequena rede própria, a Cafeera, oferecendo *blends* de cafés especiais.

A primeira visita oficial da Starbucks incluiu a ida a uma das cafeterias do grupo, a Cafeera do Itaim, bairro da Zona Oeste de São Paulo, e acabou se tornando uma proposta para investigar uma possível parceria com a Trilux-Bozano em 2001-2002.

— Chegamos a fazer o *business plan* – lembra Washington Rodrigues.– Mas o dólar estava a quase R$ 3, a velocidade projetada para expansão era imensa, cerca de cem lojas em dois anos, e o empate de capital para o *start up* atingiria algo como R$ 25 milhões. Mais uma vez, declinamos e decidimos focar na produção.

De volta a Miami, Pablo Arizmendi partia para a busca de outros candidatos.

— Em meados de 2001, recebi de Seattle os dossiês de pretendentes para o Brasil que haviam passado pelos filtros da companhia e também agendei reuniões em São Paulo e no Rio a partir de contatos que eu já tinha.

Maria Luisa estava entre eles.

PROSPECÇÃO

No início de 2002, em mais uma viagem de prospecção, Pablo Arizmendi finalmente conheceu Maria Luisa, que o encontrou para um almoço no Outback,.

— Naquele momento, eu continuava reunindo informações, investigando os potenciais parceiros do ponto de vista da interação com a cultura da empresa – continua Pablo. – Gostei muito de Peter e Maria Luisa Rodenbeck e gostei também do que eu percebi no negócio que eles tocavam. O Outback tem semelhanças com a Starbucks: são ambos focados em gente. E percebi ali que eles tinham a lealdade integral dos funcionários, o que é um fator decisivo para a Starbucks.

Maria Luisa descrevia, rindo, o circuito de visitas com Pablo Arizmendi a possíveis locais para abertura de lojas no Rio de Janeiro. "Entrei num táxi com Pablo e circulamos o dia inteiro. No final das visitas, descobri que um dos concorrentes havia proporcionado a Pablo um passeio parecido... mas de helicóptero!", contava ela aos amigos.

Rio de Janeiro, 1º de agosto de 2002

Prezado Pablo,

Peço desculpas pela falta de contato nos últimos oito dias. Eu estava realmente presa ao trabalho e, mais importante, estava muito concentrada na chegada do meu primeiro e único sobrinho, que finalmente aconteceu ontem, no dia do meu aniversário. Foi um grande presente para mim.

A situação financeira tem se deteriorado bastante desde sua última visita ao Brasil. O câmbio subiu a um patamar astronômico de R$ 3,60 ontem. Mas as coisas deverão se acalmar uma vez que o cenário político clarear, quando as eleições para presidente forem definidas.

Meus investidores continuam OK com nosso projeto no caso de sermos os sortudos selecionados para a Starbucks Brasil. Eles me dizem que estão absolutamente certos de que as coisas irão se acalmar em breve. Logo, não há razão para se alarmar tanto. Isto tudo é parte de um contexto político e econômico pelo qual o mundo inteiro está passando. É mais uma razão para uma pessoa querer se recompensar degustando uma xícara do delicioso café Starbucks.

Saudações – e nos falamos em breve

Maria Luisa

Houve uma segunda visita oficial de prospecção no final de 2002, mais formal, quando Pablo Arizmendi chegou com duas figuras de alta patente mais alta: Julio Gutierrez, na época o cabeça para a América Latina, e o presidente da Starbucks Internacional, o britânico Martin Coles. Eles se encontraram no escritório do Outback na Barra.

As conversas prosseguiam, um pouco lentamente demais para os padrões da energética, e determinada, Maria Luisa, um tanto inquieta por não ter uma perfeita noção das expectativas da Starbucks em relação ao *partner*. No início de 2003, Maria Luisa estava sentindo a frustração crescer. Num e-mail para potenciais investidores – entre os quais, o amigo Larry Fish –, ela sinalizava sua intenção de recuar e aguardar:

> *Informo que temporariamente estou abandonando a ideia de me tornar sócia do Starbucks. Não consegui ter uma mínima noção de que parceria exatamente estávamos falando, apesar de todo o meu trabalho de estudo de viabilidade e da garantia de que iríamos arrumar a capitalização necessária para o empreendimento no Brasil. Estou com um sabor amargo de café queimado na boca, pois é um sonho que eu acalento há exatamente seis anos, ao qual dediquei inúmeras horas de trabalho, além de investimento emocional.*

Na Quarta-Feira de Cinzas, dia 5 de março de 2003, Maria Luisa redigiu uma mensagem para o *CEO* da Starbucks Internacional Peter Maslen, com cópia para Pablo Arizmendi e Peter Rodenbeck. O título era "Starbucks plans for Brazil", e o e-mail começava com uma poética comparação entre a explosão de cores no Carnaval brasileiro e a tensão pré-Guerra do Iraque – a invasão aconteceria duas semanas depois. E prosseguia descortinando sua batalha pessoal naquele momento: abria mão do sonho por não enxergar uma troca de informações em confiança – informações das quais não abriria mão a partir dali.

> *Em tudo o que fiz na minha vida, sempre tentei evitar indecisões e meias palavras. Normalmente examino questões práticas com a razão, e consulto o coração para decisões pessoais. Assim, depois de refletir e considerar, ouvindo pessoas de confiança,*

-----Original Message-----
From: Maria Luisa [mailto:marialuisa@outback.com.br]
Sent: Wednesday, March 05, 2003 10:15 AM
To: Peter Maslen
Cc: Peter Rodenbeck; Pablo Arizmendi
Subject: Starbucks Plans for Brazil

Good morning, Peter.

Good, quiet Ash-Wednesday to go back to work, after an energetic Carnival that monopolized the country's attention for the last 3-4 days. It is an ever lasting explosion of colors and euphoria that keeps lingering, in Brazil, despite an uneasy world, full of pre-war fears and tension. Let's all hope for the better – that's all we can do at this point, I guess.

Anyway, business must go on, regardless of all these complications. In everything I have done all my life, I have always tried to avoid indecision and half-decisions. I usually use my head by asking myself a practical question and I consult my heart by asking myself a private question. Then, after I listen to myself and others, I think I make a better decision and act on it. In this specific case, I know I am too stubborn to admit that Starbucks Brazil is probably not my venture, but realistic enough to understand that you all are following a strategy which leads you to other types of candidates than myself.

If you have any second thoughts, and are willing to disclose all of the essential conditions of your proposal -- as Outback did from the very beginning with us -- I am confident that Peter and I can organize adequate capitalization, under our control. Without disclosure, we are not willing nor really able to proceed.

Also, just for the record, we were concerned to know more about your approach to opening. Our experience is that cost control is critical in Brazil in the staff and office area. You've got to play hardball on cost controls in this country. Starting off with a fancy staff and office here are often the precursors of failure, eating up capital which we would rather spend on training, getting the products right and having strong flagship sites. We truely believe that joint planning of launch strategy, with focus on cost control from the beginning is what made us so successful as business partners with Outback in Brazil.

Regardless of what happens, let's us all keep in touch and maintain the same great personal empathy we've had from the beginning.

Good luck and kind regards to all of you.

Maria Luisa Rodenbeck

tomei uma decisão que considero a melhor, e pretendo agir de acordo com ela. Nesse caso, mesmo sabendo que sou teimosa demais para admitir que a Starbucks Brasil não será o meu desafio, sou também realista o bastante para entender que a estratégia da companhia busca outros tipos de candidato que não eu.

Apenas para registro, estávamos preocupados com a necessidade de mais informações sobre sua abordagem para a entrada no Brasil. Nossa experiência diz que o controle dos custos relativos a equipe e instalações de escritório é essencial – vocês vão precisar ter mão muito firme nesse controle de custos no país. Começar as operações com equipe e escritórios excessivamente dispendiosos é caminho para o fracasso; isso devora o capital que seria mais bem empregado em treinamento, compra dos melhores produtos e montagem das lojas nos melhores pontos. Nós realmente acreditamos que o planejamento conjunto da estratégia de lançamento, com foco no controle de custos desde o início, é o que nos trouxe tanto sucesso como parceiros de negócios com Outback no Brasil.

Apesar de tudo, vamos nos manter em contato e continuar cultivando a empatia pessoal que tivemos desde o início. Boa sorte e os melhores votos para vocês

Maria Luisa Rodenbeck.

O e-mail em resposta de Pablo, com cópia para Maslen e Gutierrez, veio dois dias depois: "Sinto muito saber que você chegou a essa decisão – particularmente após tanto tempo e esforço investidos neste projeto. Desejamos a você muito boa sorte". A correspondência seguinte de Maria Luisa seguiu para os amigos e potenciais investidores, Dr. Marcos Moraes e Larry Fish, e para Aldo de Luca e Luciana Gurgel, parceiros de longa data do casal e donos da Publicom – empresa responsável pela comunicação de numerosas multinacionais, inclusive o Outback e o McDonald's e que em 2010 se tornaria S2Publicom.

Vocês todos demonstraram um carinho muito grande comigo e um genuíno interesse em se juntar ao meu projeto.

(...). Agradeço a todos vocês, de coração. Não posso deixar de mencionar minha eterna gratidão ao meu marido e grande amor da minha vida, Peter Rodenbeck, que aguentou muita tensão e choradeira em casa, e me abriu os olhos para estar sempre me respeitando, acima de tudo, como uma profissional e empresária de valor – que ele me considera.

Mas desistir, no fundo, não era uma opção. Maria Luisa, segundo conta Ana Amélia Whately, partia para a ideia de ter uma cafeteria com marca própria. "Vamos abrir um café", Luisa dizia. Amigo do casal, o engenheiro e consultor de franquias Alain Ghetta foi testemunha desse momento:

— No auge da decepção com a Starbucks, ela não desistiu do projeto. Encontrou algo similar no Rio de Janeiro, uma marca chamada California Coffee, e gostou da qualidade do negócio. Chegou a falar com o dono, mas acabou encontrando um novo caminho.

Mas agora quem ralentava o ritmo da expansão, em nível mundial, era a empresa.

UMA SEREIA PLANETÁRIA: O PROJETO MUNDIAL DA STARBUCKS

O escritório de Howard Schultz, no oitavo andar do edifício-sede da Starbucks, no lado sul de Seattle, tem na mobília as mesmas cores terrosas e verdes da paleta usada pela empresa em suas lojas. A sala fica num canto do andar, ao lado de um enorme espaço dividido em baias de trabalho. Não é um local isolado ou grandioso; é prático, tranquilo e arejado. Schultz – com seu ar sóbrio e atencioso – recebe visitantes no corredor, usa jeans e mistura-se confortavelmente ao ambiente.

— A primeira vez que encontrei Maria Luisa foi neste mesmo escritório, muitos anos antes que fizéssemos alguma coisa juntos – ele começa a contar, em abril de 2012. – Eu a descreveria como uma pessoa iluminada; aonde quer que chegasse, trazia uma energia efervescente, um brilho. Todos sentiam, imediatamente, que ela era única, singular, uma pessoa repleta de dons. Mesmo quando a Starbucks ainda não estava pronta para o Brasil, sabíamos que queríamos fazer alguma coisa com ela. E, realmente, nós chegamos ao Brasil com ela e com Peter.

Ao longo da hora seguinte, Schultz se emocionaria com as recordações de Maria Luisa e falaria sobre a figura especial de empreendedor que ambos encarnam.

MISTER STARBUCKS

O nova-iorquino Howard Schultz é o capitão de extraordinárias façanhas

– como a de "acumular uma valorização de 5.000% desde a abertura do capital da empresa em 1992, enquanto a valorização média do índice Dow Jones foi de 230% e a da Nasdaq, de 280%", conforme citou Maria Luisa Rodenbeck em entrevista à revista da Allshop, de São Paulo.

Cinco anos antes, em uma reportagem da revista "Business Week" publicada em setembro de 2002, o jornalista Stanley Homes fazia uma retrospectiva, analisando o caminho da empresa até aquele momento: em 1999, a Starbucks havia plantado sua bandeira verde e branca em cerca de 300 postos avançados fora dos Estados Unidos; em 2002, já eram 1.200 "- e a rede ainda está nos primeiros estágios de colonização do globo", diz o artigo. Em 15 anos, passara de 17 lojas em Seattle para 5.689 pontos em 28 países. Em Wall Street, Starbucks foi a última grande história de crescimento – suas ações se valorizaram em cerca de 2.200% na última década, batendo gigantes como Coca-Cola, Microsoft e General Electric. Agora valendo US$ 21, está perto do ápice de US$ 23, atingido em julho", escrevia Homes.

A primeira loja Starbucks, no Pike Place Market, Seattle, mantida como nos anos 1970

Mesmo que o caminho da empresa tenha vivenciado os naturais altos e baixos do mercado de café e das cafeterias – como na entrada do McCafé na disputa da clientela –, o fortalecimento da Starbucks seria notável, apesar dos violentos ecos da crise imobiliária de 2008 sobre a economia mundial. Sua singular e eficiente cultura corporativa, que trouxe novos conceitos ao negócio do *fast-food*, provou-se responsável, em grande parte, por esse sucesso – com Howard Schultz, figura emblemática de *CEO* do século XXI, à frente da rede que é hoje sinônimo mundial de cafeteria. A companhia se mantém, firme, no patamar das gigantes da alimentação no planeta.

DO PIKE PLACE MARKET À COLONIZAÇÃO DO GLOBO

O sugestivo nome da empresa – *bucks* é uma gíria para dinheiro, dólares – veio de um personagem do livro "Moby Dick", de Herman Melville, escrito em 1851: *Starbucks* é o companheiro leal do obsessivo *Ahab*, o caçador da baleia branca. O ponto de partida do império Starbucks foi uma pequena loja na refinada e europeia Seattle, em 1971. A cidade, situada no extremo noroeste dos Estados Unidos, conhecida também como epicentro do movimento grunge americano, sedia companhias poderosas, entre as quais a Boeing, a Microsoft e a Amazon.

Aquela primeira loja Starbucks ainda funciona – fica no movimentado

Pike Place Market, um colorido mercado de frutas, peixe, doces, legumes, vinhos e souvenires. As filas para o café da "primeira Starbucks", que ostenta o logotipo usado até 1987, mostrando a sinuosa sereia desenhada em marrom, de corpo inteiro, seios à mostra e cauda dupla, bem diferente da figura mais estilizada, estampada em verde, dos dias de hoje, são sempre respeitáveis. Todos os dias, bandos de turistas fotografam o local, chegando em levas, como em peregrinação.

Para o cidadão norte-americano de classe média, pouco viajado, o café era, até os anos 1970 e 1980, uma bebida matinal, servida – e sorvida – sem nenhum requinte. Foi a Starbucks que alterou essa percepção. Na pré-história da hoje gigantesca empresa está um trio de aficcionados por café – Jerry Baldwin, Gordon Bowker e Zev Siegl. Eles se inspiraram na trajetória de outro comerciante, o holandês Alfred Peet, com quem aprenderam o *métier*. Peet trabalhara em Londres e na Nova Zelândia como provador de café e chá até a Segunda Guerra, época em que emigrou para os Estados Unidos, onde abriu três lojas. Naquele primeiro ponto em Seattle, o trio vendia o grão de origem controlada, cuidadosamente torrado e moído na hora para fregueses interessados na arte europeia do consumo de café de alta qualidade.

Em 1981, Howard Schultz – nascido no Brooklyn, filho de um motorista de caminhão que ficou longos anos desempregado – era representante das máquinas de café suecas Hammarplast. Visitando a tal loja em Seattle, encontrou ali mais do que um bom cliente:

Howard Schultz

achou sua visão, detectando uma incrível oportunidade de negócios na elevação do café a produto de degustação. Schultz tornou-se diretor de marketing da pequena empresa.

Pouco depois, numa viagem a Milão, refinou ainda mais sua ideia, a partir do festivo e caloroso ritual italiano dos bares de *espressos*; ele imaginou um negócio em cujo centro, mais do que a bebida em si, ficasse a noção do "terceiro lugar", alternativa à casa e ao trabalho, onde o cliente poderia se recompensar com um café de qualidade. Era mais que uma novidade; tratava-se da introdução de uma nova necessidade, uma ideia de aconchego em um mundo mais e mais veloz e fragmentado. Lojas hospitaleiras, tanto no mobiliário quanto no comportamento dos funcionários, tornaram-se a versão americana da receptividade e do calor italianos: a ideia de um oásis urbano.

Em 1987, Schultz reuniu investidores, adquiriu a marca e, em pouco tempo, começou a expansão, estruturando um rigorosíssimo *backoffice* na aplicação de processos e métodos ao dia a dia de cada

O copinho inconfundível

uma das lojas Starbucks, à moda das redes que baseiam seu funcionamento em procedimentos padronizados numa precisão milimétrica, atendimento ágil e identidade bem marcada em produtos e ambientes.

Mas a construção do conceito hoje consagrado pôs à prova a tenacidade de Schultz. O executivo Patrick Flynn, que foi vice-presidente do McDonald's para a América Latina, confirma que a Starbucks não emplacou tão depressa:

— Eu morava em Lincoln Park, Chicago, em 1990, quando foi aberta uma Starbucks por ali. A vizinhança era provavelmente a ideal em termos demográficos, mas ninguém ainda tinha entendido verdadeiramente aquilo. Café a US$ 2,50? Por quê? A experiência gregária, pessoal, inclusiva, de recompensar a si mesmo com uma bebida de qualidade... isso simplesmente ainda não havia feito sentido nas nossas cabeças.

Mas o conceito não demoraria a fazer extraordinário sentido, em sintonia com a contemporaneidade dos seres urbanos em constante movimento. Em 1992, a sereia começaria a conquista do globo.

STARBUCKS (GOES) INTERNATIONAL

A companhia traçou um plano inicial de três anos em direção a alguns mercados promissores. O primeiro alvo da expansão para outro continente foi o Japão, em 1996, com o estabelecimento de uma parceria com a Sazaby Inc., *holding* de comércio e restaurantes. A estratégia colocava como cabeças do processo os vice-presidentes dotados de larga experiência em cadeia de suprimentos, e a chegada a um novo país se daria a partir de uma única grande cidade em cada região.

Howard Behar, então presidente da Divisão Internacional da Starbucks, destacou em entrevistas na época que o país asiático era o terceiro maior consumidor mundial de café.

— Pensamos em abrir no Japão e no Reino Unido – diz ele, em entrevista telefônica realizada em agosto de 2012. – Mas escolhemos começar apenas pelo país asiático por duas razões. Uma, a logística: estamos, em Seattle, a sete horas de distância de Tóquio, por navio. Outra, para entender já na primeira hora um mercado difícil. Resolvemos ir logo checar.

Contando com a admiração local pela cultura norte-americana, a Starbucks apostou que o consumidor japonês ia aderir ao costume de carregar copos descartáveis pela rua. Na primeira semana, já eram 30% os clientes de *take-out*.

Comprando concorrentes locais e saturando o ponto de entrada com pelo menos 20 lojas em dois anos, a empresa começou assim a implantar pelo mundo sua estratégia de marketing batizada de CULT-DUCT: uma fusão das palavras *culture* e *product*, apontando a indissociável relação dos seus produtos com os ideais e valores da companhia. Ali não se ofereciam apenas café e *muffins* mas também, ou principalmente, uma imagem de elegância urbana e hospitalidade, uma "conexão emocional" com o cliente – e, nos países estrangeiros, uma vivência com sabor de Estados Unidos. Por isso, em vez de estabelecer uma estrutura de *franchising*, a Starbucks Internacional optava por trabalhar sozinha ou, no máximo, associava-se a um parceiro *master* local em *joint venture*, mantendo o controle do processo de implantação e funcionamento, de treinamento das equipes e gerenciamento das lojas.

Em dois anos, foram abertas 12 lojas em Tóquio e mais de 40 em Cingapura, nas Filipinas, Tailândia, Coreia e Nova Zelândia, países do primeiro anel de expansão. A Europa entrava vagarosamente em foco, e o segundo pilar da Starbucks Internacional acabou sendo fincado na Grã-Bretanha já em 1998, onde a companhia americana comprou, por US$ 83 milhões, a Seattle Coffee Company – inglesa, apesar do nome –, transformando as lojas em Starbucks. No final de 2000, 257 pontos de venda estavam sendo abertos – 63 na Grã-Bretanha, e outros ainda no Líbano, nos Emirados Árabes, no Qatar, em Hong Kong, Xangai e Austrália. A fórmula permanecia a mesma: os parceiros *master* locais assumiam a contratação do *staff* e respondiam pela análise das preferências regionais, enquanto a companhia treinava a equipe e não abria mão do controle de qualidade dos produtos, além de fornecer todo o café para a rede. Produtos locais, no entanto, eram introduzidos – na Coreia, por exemplo, oferecendo *sik-hye*, uma tradicional bebida à base de arroz ou, na Tailândia, os chás chineses, que são a preferência local.

Mas a entrada da rede no Brasil levaria muito mais tempo do que Maria Luisa Rodenbeck imaginava naquele momento.

EM SUSPENSO

Se Maria Luisa dera um passo atrás em 2003, no ano seguinte a Starbucks fazia uma parada estratégica – e não apenas no projeto de expansão especificamente para o Brasil. O freio seria puxado pela mudança de administração; a prospecção em novos mercados estacionou e só seria retomada em 2005.

— Não era uma retirada do Brasil – assegura o então presidente da Starbucks Internacional, Martin Coles, em entrevista de 2012. – Lá em 2004, decidimos repensar os planos de abertura em novos mercados até que estivéssemos totalmente seguros de que poderíamos replicar nesses novos lugares a experiência Starbucks em toda a sua extensão. Isso só poderia acontecer através da associação com parceiros de grande empenho e dedicação, que entendessem verdadeiramente, em profundidade e nos detalhes, os componentes dessa experiência Starbucks que é a alma de todo o negócio.

Coles ainda adianta que, mais tarde, o fato de terem fechado a parceria com Maria Luisa e Peter fez com que o Brasil fosse um dos primeiros países a receber a Starbucks "dentro desses novos critérios".

A rede atingira, em janeiro de 2004, a marca de oito mil lojas pelo mundo, sob a liderança de Orin C. Smith, *CEO* desde 1999, quando Schultz se retirara do dia a dia da empresa, atuando apenas no conselho. A aposentadoria de Smith seria anunciada em outubro de 2004 e o cargo passaria, em março do ano seguinte, para Jim Donald, na época o presidente da empresa na América do Norte. Nos cinco anos de Smith como *CEO*, a Starbucks mundial pulara de 2.500 para 8.500 pontos de venda, e de uma receita anual de US$ 1,7 bilhão para US$ 5 bilhões – crescendo de tal maneira que inspirou piadas como "a Starbucks expande-se com tanta rapidez que logo abrirá novas lojas nos banheiros de seus próprios estabelecimentos." A administração de Smith deu ainda ênfase ao setor de responsabilidade social da empresa. Orin Smith havia entrado na companhia em 1990, quando havia apenas 45 lojas na cadeia e compunha com Howard Schultz e Howard Behar o trio apelidado de H2O.

A passagem de bastão para Jim Donald em 2004 – ele ficou no cargo até 2008, quando Howard Schultz retomou o papel de *CEO* – trouxe reposicionamentos em função da transformação do segmento de café em 2001, quando o McDonald's passou a disputar uma fatia da base de consumidores da Starbucks. A decisão da companhia, portanto, foi a de repensar todo o crescimento internacional – inclusive o trabalho de prospecção no Brasil. O sonho de Maria Luisa continuava em suspenso.

THE CULTURE PART

O time da expansão internacional da Starbucks começava a voltar ao campo em 2005, dando início ao segundo tempo da busca pelo parceiro da Starbucks no Brasil.

Administrador e consultor, ex-diretor do McDonald's Brasil, Herbert Steinberg confirma que havia uma enorme concorrência para trazer a marca ao Brasil:

— Eram mais de cem grupos. Pelo menos 20 deles passaram diretamente pelas minhas mãos, e todos de alto coturno, com muito dinheiro – revela Steinberg.

Mesmo que robustos grupos financeiros e mistos – bancos e *holdings* – estivessem entre os candidatos a parceiro no Brasil, não era o poder de fogo financeiro o principal elemento da equação que orientaria a escolha final da Starbucks. Contavam, tanto ou mais que os *deep pockets* – os bolsos forrados –, a confiança, a identificação com as linhas mestras da cultura da empresa e a solidez de valores. No caso do Brasil, os critérios incluíam ainda a experiência bem-sucedida no setor de alimentação.

– Estudamos outras marcas norte-americanas da área que falharam em sua entrada no mercado brasileiro, foram à falência, sofreram processos judiciais de todo tipo — ressalta Pablo Arizmendi.

Enquanto isso, Maria Luisa e Peter continuavam à frente de um estrondoso sucesso, um negócio em sólida ascensão no mercado. O Outback Steakhouse crescia a todo vapor. No início de 2002, a rede tinha sete unidades: duas no Rio, quatro em São Paulo e uma em Campinas, e cravava faturamento de R$ 32 milhões, com uma fila de duas centenas de candidatos a sócio. Em 2004, a revista "IstoÉ" trazia mais um retrospecto: "Já são dez restaurantes, sendo cinco em São Paulo, quatro no Rio e o recém-inaugurado Outback de Brasília", elevando o faturamento de 2003 para R$ 47 milhões e destacando a performance do restaurante de Botafogo, Rio de Janeiro, "o atual recordista mundial do grupo em números de clientes: 355 mil pessoas circularam pela casa no ano passado".

Na retomada da busca pelo *partner* brasileiro da Starbucks, entrava em campo um jogador decisivo: William Holland Hendrix, ou simplesmente Buck, promovido a vice-presidente para a América Latina da rede.

9

SHE GOT THE ORDER

O SONHO SE TORNA REAL

Em 2005, o Brasil voltava a fazer parte do plano de expansão da Starbucks. Peru e Chile haviam passado na frente, recebendo as primeiras lojas Starbucks da América do Sul em 2003. Mas a hora tinha chegado. O país continental, sinônimo de cafeicultura, "o mais populoso da América Latina e o segundo em termos de Produto Interno Bruto", finalmente subiu para a *pole position* na lista de interesses da rede no final de 2004, como revela Buck Hendrix, numa tarde fresca de 2012, em Miami, para onde se mudara na aposentadoria. Ele seria, algum tempo depois, um grande aliado de Maria Luisa. E se tornaria seu admirador.

— A situação do país era bem mais favorável, com classe média em firme ascensão, indicativa de um mercado em crescimento estável, e uma perceptível e positiva mudança no panorama fiscal – aponta Buck.

Recomeçava, portanto, o processo de entrada da Starbucks num novo território, e o primeiro passo era a retomada das conversas com potenciais parceiros. A equipe de Desenvolvimento Internacional para a América Latina agora tinha Buck Hendrix na chefia e continuava contando com Pablo Arizmendi-Kalb, o executivo à frente da prospecção – aquele que Maria Luisa havia ciceroneado, de táxi, pelo Rio de Janeiro, mostrando pontos de grande potencial para as cafeterias.

Ao organizar a agenda da primeira visita de Buck ao Brasil,

Pablo havia feito a Maria Luisa uma nova consulta para saber como andava seu interesse pela marca. Apontara uma rodada de entrevistas com possíveis candidatos. Mas recebera de volta uma resposta, como sempre, simpática, mas cautelosa: não se confirmava como candidata entre outros concorrentes. Talvez o gosto daquele "café queimado", como Maria Luisa havia definido sua decisão de sair da disputa, ainda estivesse na sua lembrança. E, afinal, o Outback estava a todo vapor.

— Senti que ainda havia interesse, mas ela não pulou de volta ao projeto imediatamente, disse que iria pensar – revela Arizmendi. – E, assim, não a incluímos na primeira rodada de cinco encontros.

Pablo Arizmendi-Kalb em visita ao Brasil

A estratégia da rede permanecia a mesma: buscavam os potenciais parceiros que deveriam ser respeitados e bem estabelecidos localmente, e interessados no negócio. As conversas da primeira lista dessa nova etapa se desenrolaram. Entre banqueiros e empresas que tinham suas redes de comércio e restaurantes, as opções acabaram reduzidas a dois concorrentes: uma cadeia de restaurantes e um grande banco. E, depois, a zero. Mesmo os dois finalistas da primeira filtragem não se encaixavam no perfil.

— A um deles, faltava experiência com grandes empresas multinacionais; para o outro, a parceria com a Starbucks seria apenas um dos negócios de seu vasto leque – explica Buck. – E nenhuma dessas alternativas funciona para nós. Costumamos procurar um líder que tenha conexão emocional com a marca. E é preciso trabalhar primeiro com a mentalidade local, e, em segundo lugar, pensar como uma empresa americana.

Buck Hendrix ainda não sabia que Maria Luisa Rodenbeck estivera no páreo. De volta a Miami, recusou-se a acreditar que simplesmente não haviam encontrado ninguém no Brasil:

— Eu disse: "Pablo, tem certeza de que não há outros que possamos entrevistar?" Havia, é claro. E Pablo me descreveu a personalidade e a garra de Maria Luisa, me falou do seu histórico com McDonald's e o Outback, e de como ela era competente e determinada. Eu fiquei imediatamente interessado. E fizemos contato mais uma vez, apesar de Maria Luisa não ter

Cumplicidade: Maria Luisa e Buck Hendrix

sinalizado que ainda havia interesse.

Um novo contato, uma nova tentativa de marcar um encontro. Desta vez, Maria Luisa percebeu que se via de novo frente à possibilidade de concretizar seu sonho. Trazer a marca Starbucks para o Brasil. Bem... talvez nunca tivesse realmente abandonado a ideia.

Ficou combinado que a reunião seria no Outback de Botafogo. Maria Luisa chegou mais cedo para reservar a mesa de quatro lugares – para Buck, Pablo, Peter e ela própria – onde começaria uma cautelosa reaproximação. Respirou fundo. Não queria criar falsas expectativas.

Com seu 1m56 de altura – que, com a ajuda do salto alto, podiam chegar ao desejado 1m65 – Maria Luisa sentiu-se ainda menor ao avistar o grandão Buck Hendrix; observou com cuidado a fisionomia do executivo que ainda não conhecia, sua pele clara e avermelhada, os olhos simpáticos. Intuiu que a presença da dupla para a prospecção no Brasil não era ainda o passo definitivo, mas já apontava para um projeto bem mais consistente.

E, claro, ela tinha feito seu dever de casa. Movida pela curiosidade, pelo desejo de se preparar para aquele encontro, ficou sabendo que Buck, formado e pós-graduado em Economia, Negócios e Marketing na Universidade de Washington, havia ingressado na Starbucks em 1992, liderara a equipe de suprimentos, seguira para a área internacional e se mudara para Miami naquele mesmo ano, 2004. Ele tinha o perfil que a companhia considerava ideal para o desenvolvimento da marca em novos mercados: o de um profissional que defendesse sempre qualidade e identidade da rede. Ele conhecia profundamente todos os aspectos do negócio, com larga experiência na logística do fornecimento.

....

Agora, ali, no Outback de Botafogo, estavam os quatro. A miúda e carismática Luisa, o cauteloso Peter, o reservado

Pablo e um Buck, finalmente, feliz, que adorou o encontro.

Havia uma razão para a reserva de Pablo: a austeridade no comportamento de negócios que é a marca de Peter, "um cara muito durão", nas palavras de Buck Hendrix.

— Mas eu compreendia isso, sabia que temos de ser cautelosamente otimistas, em especial num país tão complexo quanto o Brasil, onde era necessário conhecer bem os processos de importação, navegar pelas camadas intrincadas e às vezes incompreensíveis de taxas, impostos, leis trabalhistas. Era preciso operar a logística de entrada e de deslocamento de produtos no Brasil.

Maria Luisa podia contar com Peter e sua visão sobre o ambiente de negócios no Brasil. Ela tinha uma projeção bastante realista do quanto teria de absorver o padrão de operações do Starbucks. E sabia que seu sonho seria possível ao reunir um time em torno de sua determinação. Gente disposta a vestir a camisa, ou melhor, o avental de barista Starbucks. Com orgulho.

Despediram-se. Com novos horizontes.

"MAS SEM CHANCE!"

Outra reunião no Rio de Janeiro, ainda no fim de 2004, outro jantar no Outback. Animado, Buck queria saber se realmente ainda havia espaço para o sonho de tantos anos, mesmo Maria Luisa se declarando totalmente focada nos restaurantes.

O quarteto se reuniu mais uma vez e o tom da conversa já era outro: uma troca de informações, dúvidas e ideias sobre *franchising* no Brasil. Maria Luisa estava aparentemente muito tranquila. Por dentro, uma agitação feliz, natural em um momento repleto de potencial.

E a aparência serena se manteve até mesmo no final da conversa, quando o assunto passou a ser o *territory fee*, uma praxe em negociações internacionais de cadeias. Frente à quantia mencionada, Peter jogou pesado: "Vocês estão completamente malucos, isso nunca vai acontecer! Sem chance! *Forget it!*." Separaram-se cordialmente, o sorriso de Maria Luisa sempre impecável. Mas, quando chegaram à garagem, aquela doce agitação interna foi substituída por uma onda de fúria.

— Rimos muito disso anos depois, quando ela me contou que, no carro, quase bateu em Peter! – diverte-se Buck.

Mas Buck Hendrix não se assustou. Estava fascinado por aquela combinação de objetividade e paixão, qualidade e competência.

— Eu sabia que as marcas que eles haviam desenvolvido no Brasil eram de extrema honestidade, transparência e objetividade. Marquei com ela, então, mais uma reunião no Rio, desta vez com a presença da *senior leadership*: Joe Canterbery, diretor de Desenvolvimento Internacional, e Mark Stoltzman, o diretor para a avaliação dos riscos. A ideia era avançar no campo das possibilidades concretas dessa parceria e elaborar um *business plan*. Eu também assegurei a Lu que o *franchise fee* seria substancialmente reduzido.

FRANCO-FAVORITOS

Aquela torre em Seattle, com o grande relógio, já não parecia mais tão distante para Maria Luisa. Melhor dizendo: a sensação boa de que o vento havia virado a favor era refrescante, e estimulante. Ao mesmo tempo, havia a responsabilidade de imergir numa nova cultura corporativa, de tratar de detalhes e do panorama macro, a *big picture*... desafio e alegria, emoção e cautela.

Uma última conversa entre Buck Hendrix, Maria Luisa e Peter juramentou o que estava subentendido: os executivos da Starbucks achavam que a parceria ideal era realmente com Maria Luisa.

— A partir dali, nós estávamos vendendo para Seattle a escolha de Lu – garante Pablo. – Era nossa candidata, embora ainda houvesse a necessidade de apresentarmos alternativas.

Maria Luisa sabia que Buck e Pablo estavam na torcida, decididos a fazer dela a sócia brasileira da empresa. E que isso se devia ao que a equipe tinha presenciado aqui em tantas visitas ao Brasil, e não apenas nas discussões e propostas. O que verdadeiramente virava o jogo era a operação consolidada, como a que havia no Outback, que eles acompanharam de perto e que transpirava aquela diretriz fundamental: a ênfase em "gente". Gente que trabalhava motivada, empenhada, bem preparada. "Uma equipe incrivelmente eficiente e leal", nas palavras de Buck Hendrix.

— Eu queria aquele pessoal para a Starbucks! – relembra Buck. – Maria Luisa e Peter mostravam ali que sabiam conquistar, treinar e manter, extremamente motivadas, as pessoas certas. A outra coisa foi o incrível cuidado com a limpeza dos restaurantes. Mesmo no meio da noite mais agitada da semana, o chão da cozinha de um lotado Outback brilhava de tão limpo.

Os parceiros da comunicação, Aldo de Luca e Luciana Gurgel, sócios fundadores da Publicom, agência do McDonald's e do Outback

Foi marcada para abril de 2005 a última reunião dessa fase, para um grupo de executivos da Starbucks, no Hotel Caesar Park, bem de frente à praia de Ipanema – uma paisagem espetacular, ao mesmo tempo carioca, brasileiríssima e internacional. Maria Luisa escolheu o lugar com seu olho clínico. Quem resistiria à Ipanema da "Garota" de Tom Jobim? Era uma emoção a mais.

Agora, Maria Luisa queria pegar a turma por todos os lados. Organizada, determinada, havia convocado os amigos Aldo de Luca e Luciana Gurgel, da agência de comunicação Publicom – parceiros de longa data, desde os tempos de McDonald's – para ajudá-la a estruturar a apresentação. Mas não qualquer apresentação: tinha que ser ao mesmo tempo bem embasada e objetiva, recheada de dados concretos, mas arrebatadora.

— Ela imaginou a abordagem e nós pesquisamos números, dados, montamos juntos um vídeo, enfatizando o potencial do país – descreve Luciana.

— Mesclava imagens do Brasil com símbolos da Starbucks, terminava com a "Aquarela do Brasil", de Ary Barroso – completa Aldo. – E fundamentava as razões pelas quais a proposta dela era a melhor: pelo conhecimento do mercado brasileiro, do café e das franquias. Esse era um imenso diferencial, a clareza de que não adiantava conhecer só café, mas, sim, saber muito do mercado.

Não demorou muito e veio a notícia: Buck avisava que não havia mais concorrentes. O tempo era curto, curtíssimo. O próximo passo seria a apresentação nos *headquarters*, em Seattle.

Numerosas reuniões, em ritmo vertiginoso, aconteceram nos três meses que antecederam a ida de Maria Luisa a Seattle em junho de 2005, para a apresentação do *business plan* ao conselho de executivos – o definitivo ou, ao menos, o plano que garantiria a parceria. E o trabalho prosseguia. Nas minúcias e na grande-angular.

A partir do momento em que a equipe de desenvolvimento decidiu colocar definitivamente Maria Luisa como a franco-favorita, a configuração das funções naquele pequeno time mudou. Buck Hendrix e Pablo Arizmendi passaram a trabalhar velozmente em conjunto com a equipe de Maria Luisa, para formatar o projeto nos moldes da empresa.

— Nosso papel era o de ajudar o máximo possível com informações e orientações – conta Buck.

Tendo ainda que negociar a estratégia habitual de entrada agressiva em um novo mercado, Buck admite que um cronograma diferente na expansão pelo Brasil era uma possibilidade já relativamente assimilada por Seattle – aqui, a entrada seria mais pausada, menos acelerada do que o habitual.

Extremamente atenta e trazendo a recente experiência do dia a dia no Outback, Maria Luisa traçara com Peter uma proposta cautelosa, considerando inclusive o alto custo imobiliário, bastante impeditivo. Sonho com olhos realistas.

E Pablo Arizmendi, em retrospecto, faz uma análise resumida da escolha de Maria Luisa como candidata favorita pela equipe de prospecção:

— Se o critério fosse apenas financeiro, eu diria que eles se enquadrariam no ponto mais baixo do leque de possibilidades. Nossos parceiros locais costumam ser companhias maiores, com mais recursos. O diferencial, nesse caso, acabou sendo a combinação de entusiasmo e imensa identificação com os valores da Starbucks de Maria Luisa, aliada à vivência na montagem das operações do McDonald's e do Outback no Brasil, em que Peter tinha contado com a imprescindível parceria da mulher. Esse foi um dado decisivo.

E acima de tudo, claro, a impecável reputação do casal no

business, com o profundo conhecimento que eles tinham do Brasil, "em especial porque o ambiente de negócios no país era muito diverso do que é hoje em dia", reafirma Pablo.

Buck Hendrix, nessa altura do processo, telefonou para Jinlong Wang, que estava migrando para a função de presidente da empresa para a China e a área do Pacífico, para avisar que estavam finalmente trabalhando com um possível parceiro – e quem era a *partner*. Contou que o ex-diretor de Expansão Internacional, ao ouvir o nome de Maria Luisa, riu, com gosto, e disse:

— Essa moça é, definitivamente, muito persistente.

A APRESENTAÇÃO

Na tarde de junho, o transparente céu azul era como uma celebração. Maria Luisa entrou no prédio da Starbucks, em Seattle, lembrando com carinho do momento, oito anos antes, em que trouxera, na cara e na coragem, seu *business plan* elaborado no MBA em Cambridge. Aquela sensação boa de alcançar o último degrau antes da linha de chegada trazia, junto, uma ansiedade natural. Respirou fundo. Era hora de se concentrar no presente, focar completamente no agora.

Encontraram um Buck Hendrix feliz, introduzindo à numerosa equipe seus candidatos à parceria brasileira. Maria Luisa estava segura. Conhecia de trás para frente o material. A longa apresentação do *business plan* se desenrolou, tudo montado nos *templates* da companhia – "um detalhadíssimo *software* que interliga todas as informações", descreve Peter. Eram muitos dados.

— Foram cerca de 20 telas em sucessivas planilhas – lembra Pablo. – Custos, propostas, projeções. O domínio que a Lu tinha desse estudo era imenso.

O plano se assemelhava a um trajeto cuidadoso pelos detalhes de uma futura operação de grande porte, mostrando um pensamento estratégico. Ela desceu aos pormenores do projeto, detalhando valores imobiliários, marketing, taxas, operações.

Particularidades do país, como os intrincados caminhos de impostos e leis trabalhistas, somavam-se a um olhar

Ao lado de Howard Schultz: orgulho de vestir o avental verde

abrangente sobre a cultura da empresa e suas diretrizes.

Buck estava radiante. Maria Luisa já encerrava seu *speech* quando a porta se abriu. E – surpresa! – o *CEO* Howard Schultz adentrou a reunião da equipe internacional. Buck Hendrix sabia da intenção do chefe e podia ver o assombro e a alegria de Maria Luisa.

— Foi muito divertido. Lu permaneceu composta e elegante como sempre, mas os olhos estavam arregalados. Eu pensei que fosse desmaiar! Ela abraçou Howard, comovida e feliz.

O impulso carinhoso fora irresistível e bem brasileiro. Howard levava nas mãos aquele primeiro estudo de viabilidade entregue a ele em 1996 e gracejou. "Espero que você tenha atualizado isso aqui, e também que tenha mandado essa blusa para a lavanderia: era a mesma que você usava naquela ocasião!". Maria Luisa, ao mesmo tempo nervosa e deliciada ao ver o *CEO* da companhia, adorou que ele tivesse se lembrado daquele dia, tanto tempo atrás – e da brasileira ousada que chegara à sede da empresa sem marcar hora. O momento de descontração fora planejado pelo próprio Howard Schultz, que, em 2012, rememora a reunião vitoriosa do seu ponto de vista.

— Eu sabia, antes da reunião, que nós fecharíamos a parceria com ela – conta ele. – E, no meio da tarde, confirmando as notícias da excelente apresentação, ainda não podia adiantar que ela teria o OK, com louvor, mas tentei tranquilizá-la, dizendo "Você está ótima, o trabalho é fantástico", eu disse. Ela estava muito entusiasmada e ansiosa, como é natural.

Era nítida, afirma Buck, "uma ligação especial entre os dois, Howard e Maria Luisa". Peter Rodenbeck estava ali ao lado:

— O nível de adrenalina sobe de repente numa situação dessas, e ela não esperava mesmo a chegada de Howard. Ele nos deixou muito à vontade e é uma pessoa muito carismática.

Terminada a apresentação, Maria Luisa saiu com Peter enquanto a equipe conversava, fechada na sala, para avaliar o que ouvira. Ela sabia que tinha feito um bom trabalho, que havia sido feliz no seu *speech*. Mas não podia deixar de tremer por dentro, frente à expectativa da decisão final. Maria Luisa e Peter foram conduzidos para um *coffee tasting* num dos *corners* amigavelmente distribuídos pelos andares da empresa, responsáveis pelo onipresente aroma de café.

Não demorou muito para serem convocados de volta e Maria Luisa preparou-se para responder a mais perguntas. Mas, quando entraram na sala de reuniões, Martin Coles, o presidente da Starbucks Internacional, recebeu os dois, sorridente: "Parabéns, vocês são os parceiros no Brasil."

O veredito havia sido surpreendentemente rápido, para os padrões da empresa.

— Normalmente, temos que aguardar algumas semanas por isso – assegurou Buck.

Mas essa não seria a última emoção daquele dia. O britânico Coles foi o responsável pelo segundo encontro-surpresa de Maria Luisa com Howard Schultz naquele dia. O grupo já estava no carro, saindo da garagem, a caminho de um jantar de celebração na casa de Buck. Maria Luisa carregava com cuidado a garrafa de cachaça para as caipirinhas, levada do Brasil especialmente para o momento. Mas o telefone de Buck tocou antes de ganharem a rua. Era Martin Coles.

— Atendi depressa – conta Buck – e ouvi: "Buck, volte aqui com Maria Luisa e Peter, quero levá-los ao escritório de Howard, mas não conte nada a eles."

Meia-volta. A explicação era um pouco vaga, de que "Martin precisava acertar mais alguma coisa". Lá foram todos para o oitavo andar. Para a sala de... Howard Schultz.

Maria Luisa estava efervescente quando encontrou, pela segunda vez naquele dia, o *CEO* da Starbucks. Ele abriu os braços, nitidamente feliz: "You got your order! When do we start?", disse – algo como "Você levou a parada! Quando começamos?".

Maria Luisa se permitiu mais um pouquinho de emoção. Ainda parecia um sonho, mas ancorado na clareza total de quanto trabalho havia sido feito.

— Ela estava radiante – lembra Pablo Arizmendi. – Foi uma conversa muito divertida e carinhosa. Dava para sentir claramente a poderosa química que existia entre Maria Luisa e Howard, uma conexão especial.

Howard, por seu lado, confirma a sensação e acrescenta:

— Lu tinha esse dom singular de se conectar com qualquer pessoa; todos se sentiam próximos e dispostos a ajudá-la. Isso é raro e especial.

Buck, em retrospectiva, avalia, com carinho e alguma modéstia:

— Aquela foi uma excelente decisão. E não porque fôssemos brilhantes, mas porque tivemos a sorte de encontrar Maria Luisa.

A celebração continuou na casa de Buck Hendrix. Com caipirinhas.

A parceria estava selada. O sonho de Maria Luisa tomava forma definitiva, desembarcava na realidade. Mas, se o passo decisivo havia sido dado, era hora de entrar em outra fase: a delicada negociação jurídica.

De: Maria Luisa Rodenbeck
Enviado em: segunda-feira, 20 de junho de 2005 07:37 PM
Para: Larry Fish
Assunto: Starbuck Updates

Querido Larry,
A recepção na Starbucks não poderia ser melhor. Howard Schultz veio, em pessoa, saudar-nos e, no final do dia, nos congratulou por ter "levado a parada" – um toque de classe e de gentileza. Somos definitivamente a escolha deles para levar a marca para o Brasil, o que é um desafio, mas também uma grande honra. Precisamos marcar uma videoconferência com você o mais rápido possível.
Grande abraço!
Lu

De: Peter Rodenbeck
Enviado em: domingo, 19 de junho de 2005 22:28
Para: Ned Harris
Assunto: Starbucks

Print

Página 1 de 1

From: Maria Luisa (marialuisa@outback.com.br)
To: Larry.Fish@CITIZENSBANK.com;
Date: Mon, June 20, 2005 7:37:24 PM
Cc: petebeck@aol.com;
Subject: Starbucks Updates

Dear Larry,

The reception at the Starbucks Corporation could not have been better. Howard Schultz himself came to greet us and congratulated me at the end of the day for "having gotten the order" -- super sweet touch of class. We are definitely their choice to bringing the brand to Brazil, which is a challenge but also a great honor.

So, we have to have a videoconference with you as soon as your agenda allows it.

Below please find a msg my dear and beloved husband is sending relatives and friends.

Grande abraço!
Lu
****

------Mensagem original------

De: PeteBeck@aol.com
Data: 06/19/05 22:28:28
Para: HarrisEnt1@aol.com
Cc: marialuisa@outback.com.br
Assunto: Starbucks

Ned and Roberta,

Here´s the story, just in case you ever forgot...thought I would write it down today.

9 years ago Maria Luisa took a day off from her MBA studies at ADLittle and flew to Seattle, where by persistence and a lucky lurk in the right corridor she managed to meet Howard Schultz and thrust into his hands a business plan for Starbucks in Brazil. By dint of his considerable charm he was able to free himself of Lu and pass her on to the then existing President of SB International. When she heard his very Chinese name she knew the first round was going to the Asian Pacific. He told her it might be some time before Latin America got on the docket.

Lu is persistent and also a charmer, and for the last two years she has been talking with the President of SB Latin America............ultimately convincing him that she was the top choice for partner in a 50/50%. Luckily, Starbucks was rather insistent in me getting involved as well, as a backup to Lu´s CEO role.

The meeting in Seattle this last week was Lu´s opportunity to present her plan to the International team. The plan was very well done and presented. She did a fabulous job and we got the penultimate nod.....and are now alone in the running.

Howard Schultz dropped into the meeting, with a copy of Lu´s original plan in hand, and also called us in for congratulations at the end of the day. He was flattered by what was certainly the longest courtship Starbucks has ever enjoyed.

Attached, the proof.......

Pete

Queridos Ned e Roberta,
Vou lembrar a história, caso vocês a tenham esquecido... achei que deveria registrá-la hoje, de qualquer maneira!
Nove anos atrás, Maria Luisa tirou um dia de folga de seu MBA na Arthur D Little School e voou para Seattle, onde, por sua persistência associada a um golpe de sorte, ela encontrou Howard Schultz no corredor e jogou em suas mãos um *business plan* para a Starbucks no Brasil. Com todo o charme, ele livrou-se de Lu e a encaminhou para o então presidente da Starbucks Internacional. Quando ela ouviu o nome muito chinês, soube que o primeiro round seria mesmo para a Ásia e Pacífico. Ele confirmou que levaria algum tempo para a América Latina entrar em foco.
Lu é persistente e igualmente uma pessoa envolvente, e, nos últimos dois anos, vem conversando com o presidente da SB América... em última análise, convencendo-o de que ela seria a melhor escolha para a parceria numa base de 50/50%.
A reunião em Seattle, na semana passada, foi a oportunidade para que Lu apresentasse seu BP para a equipe internacional.
O plano foi muito bem feito e apresentado. Ela fez um trabalho fabuloso para esse penúltimo degrau... e agora estamos sozinhos na disputa.
Howard Schultz apareceu na reunião com uma cópia do plano original de Lu em mãos, e também nos chamou para nos congratular no final do dia. Ele estava lisonjeado pelo que foi certamente a mais longa corte que a Starbucks recebeu.

No dia seguinte à apresentação, o casal Rodenbeck foi visitar a torrefação em Kent, estado de Washington, a meia hora do centro de Seattle – o complexo de 30 mil metros quadrados, um dos cinco que a Starbucks mantém pelo mundo: quatro nos Estados Unidos e um em Amsterdã, na Holanda. Inaugurada em 1993, a torrefação é um ambiente impressionante.

— Fascinante! – relembra Peter.– E mais fascinante ainda foi ver a adoração dos funcionários pelo café. Eles amam mostrar tudo, ensinar o que podem, conquistar as pessoas para o culto ao café.

A primeira loja Starbucks no Brasil seria aberta no Morumbi Shopping, em São Paulo, em 1º de dezembro de 2006, depois de longos preparativos, negociações minuciosas e muito trabalho – e algumas suadas inovações no processo de entrada da empresa em um novo país.

"QUE MULHER!" 10

OS ALICERCES, OS CONTRATOS, OS CONFRONTOS E O PRAZER DE DAR OS PRIMEIROS PASSOS

Logo depois da bem-sucedida viagem a Seattle, Maria Luisa revelou, numa reunião de proprietários do Outback no Rio de Janeiro, que estava trazendo a Starbucks para o Brasil. E avisou: a ideia era montar a equipe com profissionais de fora do grupo.

— Foi um balde de água fria – rememora Ricardo Carvalheira, empolgado desde a primeira hora com a ideia de integrar o time da Starbucks no Brasil. – Provavelmente, a ideia era não criar expectativas na equipe do Outback, que estava crescendo aceleradamente na época.

A verdade é que o momento de Maria Luisa era também o de esfriar a cabeça, até para enfrentar a sempre complicada negociação de contratos. A empolgação pela conquista da Starbucks dava lugar às exaustivas discussões e à elaboração de numerosas minutas dos contratos. Nos meses seguintes, o trabalho seria intenso, em torno da matéria jurídica.

— A fase da elaboração dos contratos tomou um longo tempo – explica Pablo. – E, naquele ponto, qualquer uma das partes ainda poderia desistir.

Peter Rodenbeck define aquele estágio como a construção de uma *joint venture* diferente do habitual para a rede americana.

— Normalmente, eles entram com uma parcela de 20% e opção de compra de até 50%. O parceiro local é responsável por 80% do investimento. Isso não nos parecia justo, não

O casal Rodenbeck com os sócios mexicanos Cosme (à esquerda) e Alberto Torrado

apenas financeiramente como também em termos de envolvimento inicial, já que o controle que eles exercem sobre o negócio é bem maior do que 20%. A matriz tem um sistema incrivelmente detalhado e executamos tudo da forma mais fiel possível. Além disso, eles são os grandes fornecedores de tudo: do café, dos insumos como caldas, essências, copos; também fornecem a mobília e a arquitetura das lojas, para padronizar a qualidade da marca. Isso faz com que possam manter preços muito bons em grande escala. Mas no McDonald's e no Outback – que, aliás, não fornecem nada aos franqueados -, a parceria se faz meio a meio. Era, para nós, uma divisão mais adequada.

Já a partir das primeiras negociações, Maria Luisa e Peter conseguiram articular uma redução temporária de alguns custos importantes associados à marca, enfatizando o fato de que a parte fiscal brasileira é muito mais pesada do que o habitual pelo mundo.

A composição societária ficaria, enfim, dividida em 49% da Starbucks e 51% da Cafés Sereia do Brasil. A parte brasileira tinha Maria Luisa e Peter Rodenbeck, Larry Fish, de Boston, e o médico Marcos Moraes, que já era sócio do Outback. Eram os investidores, ao lado da poderosa companhia Alsea, liderada pelos irmãos Alberto e Cosme Torrado, sócios da Starbucks no México, entrando com cerca de 11%.

Para Cosme Torrado, a visita de Maria Luisa ao México em 2006 fora um marco.

— Luisa e Peter vieram tratar da sociedade com a empresa deles para a Starbucks no Brasil, já que somos parceiros da companhia para o México desde 2002 – Cosme relembra, numa entrevista em São Paulo, em 2012. – Minha primeira impressão, confesso, foi de dúvida. Quem iria comandar o negócio, ela ou Peter? Em duas horas de conversa, ficou muito claro que Luisa estava à frente de tudo. E nos dias seguintes, quando visitamos várias lojas, fiquei muito impressionado com a capacidade dela, os questionamentos que fazia, a profundidade do seu conhecimento. A paixão estava lá, mas a clareza também. Um pouco mais à frente, quando visitei São Paulo e fomos ver alguns pontos, Luisa me mostrou o *business plan*. Meu queixo caiu com o detalhamento, a excelente projeção, a compreensão do mercado. Que mulher!

O executivo mexicano, encarregado dos negócios da companhia Alsea para a América Latina – que incluem, entre outras marcas, a Domino's Pizza e o Burger King –, conta que ainda teria outra oportunidade de se deslumbrar com a competência de Maria Luisa.

— Recebi um primeiro e-mail de Maria Luisa, tratando do envio inicial de capital, já depois de tudo acertado e assinado. Era um longuíssimo e-mail, e eu pensei: "Mas por que tanta conversa? Será que ela não tem mais o que fazer?". E aí eu abri as planilhas. Perfeitas! E passei a usar o modelo de planilhas de Luisa em toda a companhia. Mandei substituir tudo, aquelas faziam muito mais sentido!

Definitivamente, Maria Luisa não era de poucas palavras no estilo de comunicações a distância.

— Pablo e eu costumávamos nos divertir com a extensão dos e-mails da Lu – relembra Buck. – Ela sempre contava os fatos de cinco maneiras diferentes. Quando eu via chegar um e-mail dela, dizia: "Opa, preciso reservar um tempinho para ler..."

AVANÇANDO NOS CONTRATOS

O passo seguinte seria o detalhamento dos contratos, envolvendo advogados e especialistas de ambos os lados – um passo acidentado, lento e difícil.

— Essa foi uma parte complicada – afirma o advogado Luiz Henrique do Amaral, do escritório Dannemann Siemsen, amigo de décadas dos Rodenbeck e que capitaneou parte das negociações contratuais, tratando de patentes e da estrutura legal da parceria. – Maria Luisa viu que teríamos de propor um modelo diferente do contrato bastante verticalizado que a Starbucks costumava fazer. E os *agreements* foram redesenhados em função da legislação brasileira, inclusive ganhando um status híbrido de franquia e parceria. Era necessário que fosse assim, para que se pudesse enviar *royalties* para o exterior. A reformulação que propusemos, em função das leis brasileiras, foi uma adaptação, até onde sei, inédita na história da Starbucks.

Foi uma longa e complexa negociação. Martin Coles, na entrevista concedida em 2012, garante que a montagem do arcabouço legal para a entrada da Starbucks no Brasil foi, em suas palavras, "uma das mais difíceis: muitas e muitas páginas, para cobrir qualquer possível eventualidade".

E Maria Luisa ousou na contraproposta, apresentando esse quadro que mesclava parceria e franquia. Seria o primeiro país onde a Starbucks trabalharia com uma nova configuração. Luiz Henrique do Amaral lembra que a matriz reagiu, a princípio; estavam refratários, já que nunca haviam operado assim.

— Luisa provava que a solução dela era a melhor para eles, visando à proteção da marca e da empresa – considera o advogado. – Mas o jurídico da Starbucks devolveu o contrato num formato em que ela ficava numa situação extremamente desvantajosa. Luisa não aceitou, é claro.

Em São Paulo, os Rodenbeck tinham outra firma em ação na área jurídica, a Lima Gonçalves, Jambor, Rotenberg & Silveira Bueno. Os advogados José Arthur Lima Gonçalves e Heloisa Arruda Camargo acompanharam outros aspectos da negociação e relembram impasses do mesmo tipo.

— Empresas grandes, com cultura corporativa muito específica, jogam com padrões predeterminados para se proteger em realidades que eles não conhecem – diz José Arthur. – E esta, especialmente, não sabia nada de Brasil. Estavam dispostos a arriscar, mas passando a maior parte desse risco para Maria Luisa.

O advogado Paul Mutty, vice-presidente da área jurídica da Starbucks, era, na época, responsável pelos negócios internacionais e recorda com clareza as dificuldades a serem contornadas naquele ano de 2005. E não saiu de sua memória o estilo de Maria Luisa e de Peter nesse aspecto.

— O que me vem à mente é como eles faziam tudo de modo correto, sem cortar caminho, cumprindo as regras. Isso muitas vezes leva mais tempo, mas a longo prazo foi sem dúvida a melhor maneira de agir, em consonância com a nossa reputação, com a confiança que precisamos ter e depositar nos clientes, associados, empregados, investidores – conta Mutty em abril de 2012, tomando um café na loja Starbucks que funciona dentro do edifício-sede em Seattle. – Luisa e Peter abriram o passo a passo dessa área complicada. Foram, sim, negociações difíceis, desafiadoras, e eles estavam sempre muito bem preparados. As coisas podem esquentar de vez em quando em situações assim. Mas, quando se chega a um acordo, você se sente bem por ter trabalhado com pessoas que verdadeiramente se importam. Eles foram imprescindíveis.

James Potts era, na época, o diretor de Desenvolvimento Internacional da Starbucks. Naquele período de negociação, trabalhava ombro a ombro com Paul Mutty em torno das cláusulas contratuais. Os dois examinaram, com Luisa e Peter, a estrutura de pagamento de *royalties* e a incidência de taxas sobre o novo negócio.

— Num primeiro momento, contratamos advogados locais e pedimos que fizessem um diagnóstico do negócio de Peter e Luisa, o Outback, com especial cuidado em relação às leis trabalhistas, que sabemos ser uma questão complicada no Brasil – aponta Potts. – E o Outback tinha algo como oito reclamações. "Onde estão os outros processos?"... eu não podia acreditar! O negócio era esplendidamente administrado e havia um lado humano espetacular. Eles eram perfeitos do ponto de vista do pessoal.

Houve momentos, segundo Buck Hendrix, em que a negociação ficou realmente muito, muito complicada. Em alguns pontos desse percurso, o executivo – que não participava do dia a dia dessa fase – ajudou os Rodenbeck na busca de saídas para alguns impasses.

— Peter às vezes me ligava no fim de semana e, quando terminava a conversa, eu não tinha mais certeza se a parceria daria certo – ele revela. – Para duas ou três cláusulas especialmente difíceis, trabalhei com eles em busca de alternativas. A Starbucks protege fervorosamente sua marca, e os *agreements*, em especial nos primeiros tempos de expansão, são desenhados para esse fim, com um olhar bem unilateral.

Dois anos depois do festivo "you got your order" de Schultz, com lojas já em funcionamento, Buck finalmente quis saber com detalhes os caminhos que foram tomados na negociação contratual. Foi, segundo Hendrix, um relato que durou uma hora e 45 minutos, relembrando momentos em que Maria Luisa chegou a ficar bastante zangada frente a conflitos e dificuldades. Aquele início não foi uma travessia tranquila. De jeito nenhum.

Muita coisa boa viria desses embates. As soluções encontradas para as turbulências do caminho acabariam por consolidar mudanças na forma de a Starbucks entrar nos novos mercados dali para diante. Foi um processo transformador também para as estratégias no que dizia respeito à expansão em novos países.

— Havia uma ideia latente na empresa, a de começar a dar mais espaço e poder de decisão aos *partners* – assegura Buck Hendrix. – Howard Schultz começava a enfatizar ali o conceito de maior relevância local. E estávamos mais dispostos a correr riscos no Brasil do que em outros mercados internacionais, em grande parte por causa da confiança nos parceiros que tínhamos. Acho que foi verdadeiramente o começo de uma mudança global para a empresa.

Duas das transformações no método de entrada da Starbucks a partir do *case* Brasil ficariam perceptíveis logo adiante: pela primeira vez, o *partner* local – Maria Luisa – seria a face e a voz da empresa, e a prática de importar 100% do material para as lojas e da matéria-prima para o dia a dia do funcionamento seria alterado. Tudo estava apenas começando.

COMPARTILHANDO OPERAÇÕES

> *STARBUCKS NO BRASIL!*
> *Agora é oficial! Foi celebrado o contrato de parceria para o desenvolvimento da rede de cafeterias Starbucks no Brasil. Starbucks é o mais bem conceituado e próspero conceito de cafeterias no mundo, hoje com 11 mil lojas. A expectativa para o Brasil é que a primeira cafeteria seja inaugurada no final do ano em São Paulo, tendo à frente do negócio Maria Luisa Rodenbeck como diretora-presidente e Ricardo Carvalheira como diretor operacional. A*

equipe do Outback, cujo suporte administrativo será compartilhado com a Starbucks, está superorgulhosa por participar desse projeto, que tem tudo para ser um sucesso! Parabéns, Maria Luisa!

Nota no "Bumerangue News", jornal interno do Outback, de maio de 2006.

Maria Luisa com Ricardo Carvalheira e Javier O'Choa, diretor geral da Starbucks Chile

Em dezembro de 2005, Maria Luisa convidava oficialmente Ricardo Carvalheira para o posto de diretor de Operações da Starbucks Brasil.

— Começou ali um tempo maravilhoso e muito duro. Eu tinha que girar 20 horas por dia, 12 no restaurante e oito com Luisa, trabalhando no projeto. Temos e-mails do Peter insistindo: "Vá dormir" – e a gente montando estruturas e escalas, programas de treinamento. Era um trabalho sobre-humano.

Enquanto as questões contratuais seguiam em debate, montou-se a operação compartilhada, os *shared services*, a partir de janeiro de 2006[1], com a equipe do Outback assumindo funções na nova estrutura. Com isso, ficava assegurado um início com todas as ferramentas já funcionando: folha de pagamento, administração financeira, departamento de compras. Era um lastro importante, garantindo a qualidade dos serviços e aumentando a viabilidade econômica ao reduzir o custo administrativo.

Finalmente Buck Hendrix tinha o pessoal que ele tanto admirou trabalhando também com ele. Maria Luisa, a diretora-geral da Starbucks Brasil, assinou o primeiro contrato de trabalho dia 1º de maio de 2006: Ricardo Carvalheira assumia seu cargo depois de alguma negociação.

Além de Maria Luisa e de Carvalheira, o primeiro grupo de treinamento iria incluir mais um elemento: o carioca Francisco Duarte, que havia conhecido Peter Rodenbeck ainda no McDonald's, no inicio de 1990 ("Era *trainee* na loja de Botafogo, onde servia o McFish de Peter na hora do almoço", diz), vindo de operações de *catering* em empresas aéreas e um longo período na Pepsico/Pizza Hut. Duarte chegava agora como gerente de Operações da Starbucks para o Brasil e a América Latina e seria o representante da empresa no negócio brasileiro.

[1] O esquema prosseguiu até aquisição da empresa pela Starbucks Corporation em setembro de 2010

— Vim me juntar ao grupo já acertado para a operação brasileira e foi uma surpresa maravilhosa reencontrar Maria Luisa, já uma marcante personalidade empresarial àquela altura. Dela, eu ouvi: "Vou fazer a Starbucks acontecer no Brasil. Você está pronto para embarcar nisso?". Embarquei.

Já na primeira semana de maio de 2006, Luisa, Ricardo e Duarte decolavam em direção ao Chile, para a primeira imersão no cotidiano das lojas. Em seguida, passariam dois meses em Seattle, para o treinamento executivo, e depois em West Palm Beach, na Flórida, aprendendo a função de *district manager*. O sonho começava ali, concretamente, a virar realidade.

IMERGINDO

Os quatro meses em Santiago do Chile passaram voando. E foram cansativos e divertidos. Treinaram primeiro como baristas e, em seguida, como coordenadores de plantão – os dois primeiros degraus na hierarquia funcional.

Em Santiago, o trio passou por todas as etapas – desde aprender como se preparam todos os drinques e servir café até limpar os equipamentos e o banheiro. A certificação como baristas é um treinamento pesado, braçal, e foi todo realizado no frio do outono/inverno chileno.

— Tirávamos só uma folga semanal para poder reunir uma semana de dispensa no meio do período – descreve Ricardo Carvalheira. – O primeiro plantão de Luisa, de avental e boné, falando espanhol e contando fundo de caixa, é uma lembrança deliciosa.

Um pouquinho de Brasil no treinamento chileno

O trio passou por várias lojas nesses meses. Maria Luisa começou o treinamento na loja da Avenida Isidora Goyenechea, no centro de Santiago; Ricardo, na Starbucks de La Dehesa, num shopping mais afastado. O hotel em que estavam hospedados era um modesto três estrelas, coerente com o momento de economia do projeto.

— Era puxado – descreve Ricardo. – Mas garanto que foi um dos momentos de maior prazer pessoal para Lu. Ela adorava preparar as bebidas, conversar com a clientela, trabalhar na caixa registradora falando em espanhol, em português. A equipe chilena se apaixonou por Luisa: eram moças de 25, 28 anos, todas embarcando numa troca muito grande de informações e de afeto. Lu virou ídolo delas, dando um exemplo vivo de como o papel da mulher está mudando na sociedade.

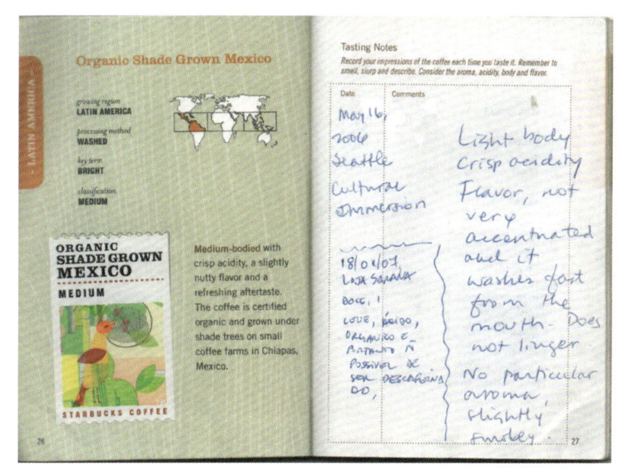
LATIN AMERICA

Organic Shade Grown Mexico

growing region
LATIN AMERICA

processing method
WASHED

key term
BRIGHT

classification
MEDIUM

ORGANIC SHADE GROWN MEXICO
MEDIUM
STARBUCKS COFFEE

Medium-bodied with crisp acidity, a slightly nutty flavor and a refreshing aftertaste. The coffee is certified organic and grown under shade trees on small coffee farms in Chiapas, Mexico.

26

Tasting Notes

Record your impressions of the coffee each time you taste it. Remember to smell, slurp and describe. Consider the aroma, acidity, body and flavor.

Date	Comments
May 16, 2006 Seattle Cultural Immersion	Light body Crisp acidity Flavor, not very accentuated and it washes fast from the mouth. Does not linger. No particular aroma, slightly smokey.
18/01/07	

27

Além das 10 ou 12 horas nas lojas, havia uma imensidão de tarefas ligadas à abertura de mercado e ainda muito estudo, já que o processo de treinamento culminava com a prova que concedia o avental verde, a certificação como barista. Maria Luisa estudava furiosamente com Ricardo e Duarte.

— Nós queríamos fazer bonito na prova. Eram muitos tópicos! Temos que saber detalhes, como as quantidades de água e grãos de café para tirar um *espresso* perfeito, e também questões muito específicas de recursos humanos e operação – conta Ricardo.

O *coffee passport*

O "coffee passport", que os baristas recebem, é um instrumento muito importante na qualificação dos candidatos a uma vaga na Starbucks. Em formato de caderneta, traz 18 seções que abordam da geografia do cultivo dos grãos à descrição das ações de suporte da empresa a comunidades mundo afora, passando pelas detalhadas explicações sobre a degustação e o preparo dos cafés. Mas a maior parte do caderno são folhas e folhas onde cada tipo e cada subtipo de café estão relacionados com informações básicas e há espaço para o futuro barista declinar suas impressões. Maria Luisa dedicou-se com empenho a analisar cada tipo de café, muitas vezes ampliando com post-its a área reservada para as impressões ("Bella Florentina, low acidity, floral notes" ou "Guatemala Antigua; Antigua is surrounded by volcanos (...) refined acidity, subtle cocoa-powder texture and gentle spice flavours"). Ao final do treinamento, os candidatos se submetem a uma prova: hora de testar os conhecimentos.

Com o parceirão Ricardo Carvalheira

— No fim, a Lu tirou 9,7 e eu tirei 10... e ela ligou emocionada para o Peter falando da minha nota alta, dizendo que operações eram a minha praia e que estava feliz, eu estava preparadíssimo. E, quase imediatamente, recebi um e-mail bem-humorado de Peter: "Ricardo, você não sabe onde se meteu. Lu vai cobrar essa sua nota mais alta que a dela pelo resto da vida!".

> *"No dia em que eu recebi o avental verde e meu* pin *de barista certificada, no Chile, eu chorei muito. Foi um dia especial para mim"*
>
> Maria Luisa Rodenbeck, apresentação para Allshop, vestida com o avental verde dos baristas – São Paulo, em 18/07/2007

DE SANTIAGO PARA SEATTLE – E DE LÁ PARA WEST PALM BEACH

Depois do Chile, já devidamente ataviados com seus aventais verdes, Maria Luisa, Ricardo Carvalheira e Francisco Duarte partiram para o período final do treinamento, em Seattle e West Palm Beach, na Flórida. As duas semanas na sede da companhia visavam especificamente às questões de formatação do negócio em um novo mercado; em West Palm Beach, eles voltariam para as lojas, treinando na função de *district manager* – gerente regional, o profissional que supervisiona um conjunto de oito lojas.

Vestida com o avental de barista, recebe em West Palm Beach Ana Amélia Whately, amiga desde os tempos da United Airlines

O trio sofreria um desfalque nesse ponto do processo. Francisco Duarte seria obrigado a voltar de Seattle para o Brasil, interrompendo o treinamento.

— Tive uma violenta crise de pânico, causada por uma série de circunstâncias pessoais, em especial a perda do meu irmão, e a pessoa que salvou minha vida foi Maria Luisa – narra Duarte, seis anos depois. – No instante em que ela percebeu a crise, acercou-se, me ouviu e não me deixou sozinho um momento sequer. Direcionou minha volta ao Brasil e entrou no avião comigo, seguindo até Miami. Lá, ela me botou no voo para o Brasil e falou: "Vai, se cuida, estamos esperando você." E assim foi.

Maria Luisa, segundo Francisco Duarte, certificou-se de que ele estaria amparado em todos os sentidos, inclusive na licença de trabalho. Com Ricardo, ela continuava na batida acelerada de trabalho e estudo.

— Nesse ponto, os testes a que éramos submetidos pediam longas e detalhadas respostas – descreve Ricardo Carvalheira. – E aí Lu foi à forra daquela nota três décimos mais baixa do que a minha, no Chile. Seu desempenho nas provas era extraordinário, a linguagem fluía à perfeição e numa rapidez inacreditável. E eu, batalhando no passo a passo.

Na Flórida, os dois conheceram a fundo os sistemas da operação americana, de alta tecnologia da informação. Entraram a fundo no *business* e nos sistemas ("Por exemplo, o pedido da loja já chegava calculado através da central de inteligência que detinha os números de vendas de cada ponto", conta Ricardo), participando também de ações sociais da rede, como a doação de livros para escolas locais.

Apesar da distância física, Maria Luisa mantinha uns quatro ou cinco pratos equilibrados no ar, comandando as tarefas pré-inauguração que ela liderava na equipe Outback/Starbucks Brasil. Acompanhava tudo: a prospecção dos locais onde as lojas seriam abertas, a importação, a logística e o planejamento.

Pablo Arizmendi relembra, entre risadas, um episódio que aconteceu no período em que Maria Luisa e Ricardo treinavam na Flórida.

Sempre no telefone, carregando o avental e pilotando à distância

— Eu estava num avião, já quase partindo, e conversava com Lu pelo celular sobre algum assunto do *start up* do negócio; de repente, ouço ruídos de alguma coisa caindo, Ricardo pega o telefone dizendo: "Vamos te ligar mais tarde!"; eu tive que desligar e o avião decolou. Depois soube que ela tinha levado um tombo feio e, mesmo no chão, continuava tentando falar comigo pelo telefone. Luisa havia machucado o tornozelo, sem gravidade. Nós rimos mesmo foi da tentativa de continuar a conversa.

Maria Luisa e Ricardo Carvalheira retornaram ao Brasil em meados de setembro e foram trabalhar – no mesmo ritmo alucinado – provisoriamente num hotel, enquanto montavam o primeiro escritório, que seria aberto em novembro de

2006 na Rua Bandeira Paulista, no bairro do Itaim, São Paulo. Ainda no hotel, fizeram as entrevistas para o grupo dos primeiros gerentes das lojas brasileiras.

O PRIMEIRO PONTO... SÃO DOIS

Chegava a hora da decisão do ponto. Havia duas possibilidades, ambas no Shopping Morumbi.

— Optamos por abrir as duas com um dia de diferença, no primeiro fim de semana de dezembro de 2006. Um turbilhão – comenta Ricardo. Com essa decisão, foram obrigados a dobrar o contingente de funcionários já para a inauguração.

O processo de recrutamento vinha intenso. Os sete primeiros gerentes e mais dois funcionários – que seriam responsáveis pelas áreas de recursos humanos e de treinamento – estavam naquele momento no Chile. Mercy Potts-Noah, diretora de RH da empresa para a América Latina, dava suporte às seleções, lembrando que a combinação de doçura e firmeza de Maria Luisa se mostrava essencial para avançarem naquele ritmo.

— Era sofrido para Luisa ter que afastar alguém, mas em momentos críticos é preciso funcionar em conjunto com muita precisão. Não pode haver sobrecarga se um elo da cadeia não se adapta ao fluxo. E houve apenas um caso.

Um segundo grupo também seguiu para a Culture Immersion em Seattle: aulas intensas com gente do mundo inteiro sobre todos os aspectos do negócio, do café ao marketing. Quem esteve por lá nesse momento dimensiona em um episódio o impacto da experiência:

— Durante esse treinamento, uma vez contamos as nacionalidades dentro de um único elevador: 17 países estavam representados – conta Luiz Augusto Pinto, que chefiaria o setor de Recursos Humanos. – Ali percebi que a Starbucks não é uma multinacional, é global.

A IPANEMA COFFEES SAI DO VAREJO

Em 2006, quando a Ipanema Coffees e a Starbucks estavam celebrando uma década de parceria comercial, a empresa da *holding* Trilux-Bozano mantinha quatro lojas Cafeera em São Paulo.

— Pablo Arizmendi me liga um dia, com um convite para jantar – recorda Washington Rodrigues, presidente da Ipanema Coffees. – Encontro na mesa um senhor careca com jeito de estrangeiro e uma moça bonita: Peter e Maria Luisa. E ouço de Pablo: "Quero apresentar quem vai operar a Starbucks no Brasil." Sem nenhuma informação preliminar, eu não sabia de nada! – revela. – Mal sentei e Peter foi direto e objetivo: "Olá, muito prazer, temos um problema. Você tem quatro lojas e nós vamos entrar no mercado. E agora?". Mais uma vez, a Ipanema encarava o conflito entre a vocação de empresa produtora e exportadora e o varejo.

O impasse não estava apenas na concorrência das lojas, mas na exclusividade dos cafés *gourmet* comercializados na Starbucks, que a Ipanema também servia na rede Cafeera. Washington então partiu para negociar com a central de compras de café da Starbucks, em Lausanne.

— Eu sou muito pragmático e bati o martelo, abrindo mão das lojas – assegura. – A contrapartida foi um contrato de fornecimento a preço fixo para a rede, por quatro anos. Eram 20 mil sacas, o preço do mercado estava em US$ 1.80 e logo depois caiu para US$ 0.70. Mas é esse o jogo.

O movimento seguinte foi convencer os principais acionistas e desativar paulatinamente as lojas Cafeera:

— Tive de assegurar que íamos ser abatidos em duas frentes, e, no varejo, seríamos o atum no tanque do tubarão – compara Washington. Mais tarde, a confiança cresceria entre Washington e Maria Luisa.

— Tivemos uma empatia imediata e conversávamos como se nos conhecêssemos há 20 anos. E ambos cultivamos relações profissionais de muita transparência. Acabamos fazendo parcerias em duas frentes: treinamento dos baristas da Starbucks na fazenda e muita colaboração nos projetos sociais.

UM JEITO NOVO DE CHEGAR

Todas as discussões contratuais caminhavam para uma estrutura inovadora do negócio da Starbucks. E, no *modus operandi* de entrada da Starbucks num novo mercado, duas importantes mudanças foram propostas por Maria Luisa e Peter. Com firmeza.

— Pablo e eu concordamos em dar total suporte às duas colocações junto à matriz – revela Buck Hendrix. – Sabíamos que a Lu jamais faria qualquer coisa que prejudicasse a marca. Os dois, Luisa e Peter, realmente pressionaram, e posso dizer que a empresa aprendeu muito com isso.

A primeira mudança dizia respeito ao esquema de marketing e comunicação da Starbucks Internacional. Maria Luisa achava recomendável e até necessário que ela própria assumisse a liderança das ações de marketing e relações públicas no Brasil, incluindo aí o contato com a imprensa. Para os americanos, era uma situação praticamente inexistente até então. A matriz, em geral, fazia a frente para a mídia, contratava as agências e tomava todas as providências nesse sentido ou, no máximo, dividia igualmente essas funções e ações com o parceiro local. Em 25 de maio de 2006, agências de notícias haviam replicado um comunicado da companhia oficializando a *partnership*, onde era citada a empresa Cafés Sereia do Brasil, "administrada por varejistas locais", e anunciava que a primeira loja seria aberta em São Paulo "dentro de um ano" – como se sabe, acabaram sendo apenas sete meses de espera. Era o estilo.

Luciana Gurgel, da agência S2Publicom, acrescenta sua lembrança dessa mudança nos parâmetros de comunicação:

— Esse foi um grande debate na época do anúncio oficial, porque a companhia não queria permitir nem a inserção de uma frase dela entre aspas no *press release*. Nós insistimos muito, inclusive porque, no caso do Brasil, era a própria diretora falando, não um executivo de grupo financeiro ou coisa assim. E ela conseguiu convencer: enfrentou a companhia e disse que faria diferente. Luisa conquistou a confiança deles.

Aldo de Luca, sócio de Luciana, completa:

— Ela tinha a mais perfeita noção do que funcionava lá e o que funcionaria aqui. Era necessário ter essa porta-voz local, é a nossa cultura. E assim foi. Tínhamos certeza de que as reportagens seriam positivas, e foram.

O plano de marketing começou a ser definido meses antes da abertura da primeira loja, num esforço de Buck, Pablo e

Maria Luisa para produzir um projeto com cerca de dois mil itens, exaustivamente acompanhado por toda a equipe da América Latina e também pelo time de apoio em Seattle.

— Enfim, acredito que essa tenha sido a primeira vez que colocamos o *partner* local efetivamente à frente da entrada num novo mercado – assegura Hendrix. – A partir daí, passamos a agir desta maneira, implementando exatamente o mesmo tipo de abordagem. E, mais tarde, comprovaríamos: o sucesso do *case* de lançamento no Brasil foi um dos maiores na história da Starbucks Internacional.

UM JEITO NOVO TAMBÉM COM OS FORNECEDORES LOCAIS

Uma segunda batalha de convencimento junto à matriz estava em curso.

— Peter martelava em nossos ouvidos: *local sourcing, local sourcing, local sourcing* – conta Buck Hendrix, que calcula terem as lojas brasileiras usado algo entre 70% e 80% de material de construção local, outro diferencial estabelecido pelo Brasil no sistema de entrada da Starbucks num novo mercado.

As pesadas restrições e taxas de importação do país representavam argumentos imbatíveis, sustentados pela experiência de Peter e Maria Luisa no McDonald's e no Outback. A definição dessa logística era, no projeto Starbucks Brasil, um dos fatores que determinariam o passo do negócio, como Maria Luisa e Peter bem sabiam. Até que este tipo de varejo, com suas margens caracteristicamente baixas, desse retorno em termos de volume de vendas, a injeção de capital tinha que ser constante. E os gastos com impostos e taxas de importação pesavam demais.

A equipe da Starbucks para a América Latina acabou concordando: frente às taxas e impostos, era fundamental procurar alternativas locais para fornecimento de produtos no Brasil. A expressão *local relevancy* – importância para o mercado local – ganhava, portanto, outra estatura. Buck Hendrix aprofunda a questão.

— A relevância para a comunidade local é muito mais do

que ações ditas sociais ou de caridade. Está, também, ou principalmente, em criar empregos e comprar dos fornecedores da região. Esse impacto no bem-estar da comunidade significa retorno em muitos níveis, inclusive o da lucratividade – continua ele. – Houve momentos em que Luisa realmente se enfureceu. Numa ocasião, enfrentando dificuldades para aprovação dos copos fabricados no Brasil, que poderiam representar uma imensa economia, ela dizia: "vocês estão prejudicando a nossa capacidade de investir alto no Brasil, estão tirando os recursos do alvo correto. Não estão sendo bons parceiros!", e era como um trem vindo em minha direção. Nunca desrespeitosa, mas absolutamente furiosa.

DANÇANDO COM AS PALAVRAS: A ENTREVISTA COLETIVA

Mais de 30 veículos da imprensa – dentre os mais importantes do jornalismo econômico, agências e também da área da gastronomia – estavam representados na entrevista coletiva para o anúncio da Starbucks Brasil, marcada para a última semana de novembro na própria loja do Shopping Morumbi, em São Paulo, que seria inaugurada no dia 1º de dezembro. No centro da mesa, uma preparadíssima diretora que, segundo Aldo de Luca, "já tinha na cabeça as possíveis perguntas e suas respostas". Ao seu lado estavam Martin Coles, na época o presidente da Starbucks Internacional, e Buck Hendrix, o presidente para a América Latina.

A habilidade natural de Maria Luisa no campo da comunicação corporativa já vinha sendo aperfeiçoada há muitos anos – uma espécie de permanente vivência em *media training*, formal e informal, desde os tempos em que participou como tradutora de treinamentos do McDonald's. Desde então, veio absorvendo e acumulando as lições de como se trabalha frente à mídia.

— Queríamos realmente evitar qualquer sugestão de arrogância, até porque havíamos estudado *cases* de fracasso de marcas americanas no Brasil em que aparecia sempre esse traço de comportamento – explica Buck. – Não éramos apenas americanos no Brasil, mas estrangeiros vendendo café! E a primeira pergunta veio nesse diapasão, de um americano da Agência Reuters: "Se vocês acham que os brasileiros vão consumir o café que eu experimentei, estão enganados. Pensam que podem ensinar alguma coisa sobre café a brasileiros?"

A uma primeira argumentação de Buck – "Na verdade, queremos aprender sobre café, celebrar a tradição que existe aqui e oferecer um novo tipo de ambiente" –, seguiu-se uma longa fala de Maria Luisa. Ela segurava pacotes do Brasil Blend – a mistura de cafés brasileiros que tinha ali seu lançamento no país – e discorria sobre as parcerias estabelecidas com a Fazenda Ipanema e o cultivo do grão. Falou, com propriedade e conhecimento de causa, da criação desse *blend* exclusivo, o primeiro em toda a Starbucks que combinava os três métodos de processamento do café: natural, lavado e semilavado.

— Ela era uma incrível comunicadora, com uma eloquência e um entusiasmo que contagiavam a todos – descreve Buck. – Era como se a Lu dançasse com as palavras.

Ainda hoje, mais de uma década depois, a imagem daquela jovem executiva é uma lembrança marcante para os jornalistas. Luciana Fróes, uma das principais referências no jornalismo gastronômico brasileiro, estava presente à coletiva e conta, por e-mail: "Não nutria grandes simpatias pela Starbucks, um desses traços da minha geração, que era contra qualquer coisa *made in USA*- ainda mais em se tratando de café. Claro que viajo, e acabo parando na rede. Mas Luisa – aqui sem qualquer demagogia – me contou a história dela, sem cremes e adições de açúcar: passei a ver com outros olhos a empresa e a ela própria. Guardo a sensação de um depoimento verdadeiro e apaixonado. Além disso, ela era muito bonita, graciosa, feminina, empreendedora e forte. Meu modelo!".

Mais tarde, o publicitário Luiz Alberto Marinho, da Brandworks – agência que trabalhou com a Starbucks brasileira e, na época, associada à Publicom, acompanhou o lançamento – definiria a relação com a imprensa que Luisa estabelecia, seja numa coletiva, seja numa reportagem exclusiva:

— Ela conseguia virar o jogo, criar uma conexão pessoal com o jornalista. Quando ela discordava de alguma coisa ou precisava corrigir um dado, fazia isso com tanto cuidado e tanta gentileza que não soava agressivo ou impositivo. Era incrível.

Outra repórter também lembra a habilidade de Maria Luisa nesse campo. Adriana Mattos, que a entrevistaria diversas vezes para veículos como a "Folha de S. Paulo" e a revista "IstoÉ Dinheiro", dá, também por e-mail, sua versão para essa solidez que ela transmitia: "Informações que poderiam ser dadas seriam dadas. Se ela não pudesse comentar algo, simplesmente dizia que não poderia comentar o assunto. Quem adota essa postura, normalmente, acaba ganhando credibilidade no mercado porque evita rumores e especulações desnecessárias." E completa: "Essa relação de transparência – dizer que não se pode falar algo, simplesmente – tornou-se algo natural, porque se criou confiança. Na prática, acho que confiança foi uma das palavras-chave na vida dela, do pouco que vi."

O momento da inauguração estava chegando. E aqueles primeiros tempos seriam de alegrias, reconhecimento e de muito, muito trabalho. Exatamente como Maria Luisa adorava. E ela estava pronta.

INAUGURANDO

11

"NÃO ESTAMOS NO SEGMENTO DE **CAFÉS** SERVINDO **PESSOAS**. ESTAMOS NUM NEGÓCIO VOLTADO PARA AS **PESSOAS** E SERVINDO **CAFÉS**"

Maratona. E alegria. Nos dias 1º e 3 de dezembro de 2006, eram inauguradas as duas primeiras lojas Starbucks Brasil, ambas no Shopping Morumbi, em São Paulo. As lojas bateram o recorde de transações em toda a América Latina. No primeiro dia, ainda com uma loja só, foram registrados 1.250 cupons fiscais, o que aponta para cerca de duas mil pessoas em 12 horas de funcionamento. O habitual são 400-450 cupons. As filas davam voltas no corredor e se estendiam até a escada rolante do shopping.

E o sucesso prosseguiu por semanas a fio. Estoques para três ou quatro dias acabavam em um único plantão. O pequeno centro de treinamento montado numa sala do Shopping Morumbi se transformou em depósito emergencial. Maria Luisa e Ricardo mandaram vir tudo o que havia no estoque central em Osasco, município da Grande São Paulo.

— A loja, obviamente, não havia sido desenhada para atender aquela quantidade de pessoas – avalia Ricardo Carvalheira, ele próprio de mangas arregaçadas ao lado da diretora-geral, para dar conta da demanda e das correrias. – Lu indo de táxi comprar creme de leite no supermercado foi uma das urgências. Uma vez, ela teve que ir buscar troco no banco. Chegou com dois homens fortes carregando cinco mil reais em moedas de dez centavos!

Celebrando a abertura no Shopping Eldorado

A partir do momento em que as portas se abriram, ninguém parou. No primeiro mês, Maria Luisa e Ricardo davam plantão permanente, dormindo "no máximo quatro horas por noite", ele lembra. Certa tarde, no primeiro mês de funcionamento, uma carga de Frappuccinos fora liberada no porto e havia seguido para Osasco. Para adiantar, Maria Luisa e Ricardo foram de carro buscar uma parte da carga. Reuniram tudo o que coube – todas as caixas que puderam carregar. Na volta, um temporal violentíssimo imobilizou a cidade e os dois ficaram presos ("Praticamente boiando por algumas horas, com medo de o carro ser invadido pela água!", ele lembra). Gordon Simmonds, que integrava a equipe compartilhada Outback/Starbucks na área de compras, descreve:

— Tínhamos uma sequência de produtos chegando continuamente, e a logística era complicadíssima. Digamos que um item tivesse, por exemplo, uma vida de prateleira de seis meses. Vinha para cá depois de dois meses de estoque, mas ficava 30, 40 dias para ser liberado. Houve casos em que precisávamos usar o estoque de 90 dias em um mês. Mesmo fazendo uma promoção, não era possível usar o ingrediente ou insumo e uma parte, claro, ia para o lixo, aumentando o custo operacional.

E, sempre, Maria Luisa operava na ética mais rigorosa, mesmo frente às enormes dificuldades como a da alfândega.

— Íamos juntos resolver esses problemas – continua Gordon. – Ela partia direto para a autoridade do setor, sempre no formato "por favor, me ajude". Com humildade, mas com muita energia, jamais cogitando qualquer outra ação a não ser o pleito "queremos fazer tudo certinho, o que eu preciso fazer para o senhor nos ajudar? Essa demora vai nos causar enormes prejuízos, não permitirá nossa evolução, pode trazer desemprego"... Mantinha a integridade dos princípios, mas colocava a área jurídica de prontidão, para entrar com mandado, se necessário. Algumas vezes, foi.

Os *partners* prontos para cortar a fita no Morumbi. Buck fez questão de vir a São Paulo

Buck Hendrix lembra várias ocasiões em que Maria Luisa se armava para a batalha da liberação, levando pacotes de café, canecas, pequenos brindes e, principalmente, com sua presença e persistência – e nunca deixou de resolver a situação:

— Lu não ficava sentada no escritório. Agia e ensinava a agir.

Certa vez, dois contêineres acabaram perdidos: quase R$ 200 mil em suprimentos. Bertrand Letouzé, que integrava a operação compartilhada Outback/Starbucks como diretor de *supply chain*, ainda recorda a contrariedade da equipe ao ver o produto atingir data de validade no porto:

— Não se podia utilizar e ainda éramos obrigados a pagar para incinerar.

Levou quase um semestre para que o ritmo começasse a se normalizar. A terceira loja, no shopping paulistano Higienópolis, foi inaugurada em abril de 2007. O padrão de excelência estava implantado e os sustos já eram bem menores.

— Abrindo essa terceira, já estávamos mais estruturados, com uma equipe maior. Vieram a quarta, no Shopping Eldorado, e a da Rua Amauri, no bairro do Itaim – Ricardo enumera. – Essa foi a primeira de calçada, uma alegria para Maria Luisa.

NA IMPRENSA

A primeira reportagem de fôlego sobre a Starbucks no Brasil havia sido publicada em fevereiro de 2006, na revista "IstoÉ Dinheiro", com viés especulativo em torno da chegada da rede ao país. A chamada de capa destacava o "ousado plano de abrir cem lojas em dois anos e cobrar R$ 10 por um cafezinho" e perguntava: "Será que o brasileiro aceita pagar tanto?". Escrita por Lílian Cunha, a matéria repercutia a ansiedade nas redes sociais de brasileiros fãs da cafeteria e dava números: "O investimento inicial será de R$ 20 milhões, metade para os americanos, metade para os brasileiros." E ainda fazia uma comparação, justificando a questão destacada na capa: "Nos Estados Unidos, um expresso custa US$ 2 [*na cotação da época, correspondentes a R$ 4*]. Aqui, na previsão de especialistas, o valor chegaria a R$ 10." Em junho, a revista "Exame" já confirmava a vinda da rede pelas mãos de Maria Luisa, acrescentando que os R$ 20 milhões seriam "suficientes para abrir cinco lojas". No final da reportagem, vinha a negativa da diretora da Starbucks Brasil sobre os tais R$ 10 a serem cobrados pelo expresso: "Isso é chute, ainda não definimos os valores."

A questão do preço era muito presente para Maria Luisa: quase dez anos antes, em 1998, no *business plan* definitivo apresentado à empresa, ela já levantava o ponto delicado. "No Brasil, é essencial manter os preços em perspectiva, tratando de deixar claro [*para o consumidor*] um valor de retorno. Criar uma atmosfera de sofisticação e autenticidade desde o início é essencial". Pablo Arizmendi definiria essa atmosfera como "buy a piece of Americana" (algo como "comprar um pedacinho dos Estados Unidos").

Em reportagem para a "Folha de S. Paulo", de 26 de maio de 2006, a jornalista Adriana Mattos adiantava que a primeira loja estava prevista para São Paulo, que havia a "possibilidade de vender pão de queijo" e que os preços seriam "competitivos". Já no dia 6 de outubro de 2006, também na "Folha", Adriana acrescenta uma série de informações precisas, como os pontos das duas primeiras lojas ("na nova ala expandida do Shopping Morumbi, com 206m^2, e dentro da livraria Saraiva do Shopping, com quase o mesmo tamanho."). Mas arrisca, e erra a mira, em alguns outros dados, como o nome da empresa, "Starbucks Brasil Comércio de Cafés..."(seria, na verdade, Cafés Sereia do Brasil) e o local da terceira loja, "(...) na rua, possivelmente na região dos Jardins" (só chegariam aos Jardins no final de 2007, com a sexta e a oitava lojas).

Na reportagem, Adriana enfatiza mais uma vez a questão do preço do café: "Maria Luisa Rodenbeck não fala em valor investido nas inaugurações, previsões de novas aberturas ou estimativas de vendas. Afirma ainda que ela mesma está fazendo as pesquisas para verificar os preços de seus concorrentes e definir o quanto cobrará pela bebida. 'Que é isso, não precisa [*de empresa de pesquisa*]! Eu mesma vou lá e vejo [*os preços dos concorrentes*]', diz. O café mais barato da rede Starbucks nas cidades americanas custa US$ 3 (cerca de R$ 6,60). 'Não sabemos o quanto iremos cobrar ainda. Mas não vai ser na base da paridade [*cambial*]. Vai ser menos', diz ela. (...) As instalações seguirão o mesmo modelo de loja da companhia nos EUA e o café será importado – torrado nas instalações da empresa, em Seattle", adianta na reportagem.

Carolina Correia, que foi a primeira diretora de marketing da Starbucks Brasil, discorre sobre a grande objeção inicial manifestada pela mídia: além da questão cultural, o preço do café.

— Achavam que seria inacessível, um negócio de elite. Mas a resistência foi quebrada pela estratégia de manter o preço do expresso no nível de mercado... e com a oferta do pão de queijo, que aproximou o público brasileiro.

O café expresso começou a ser vendido a R$ 2,80. E o pão de queijo foi um sucesso extraordinário: dez anos depois da inauguração, continua sendo um dos cinco produtos mais pedidos no cardápio da rede brasileira. Charles Rothschild, da Fresh Start Bakery Foods, empresa fornecedora de uma longa lista de produtos da área dos pães e massas para McDonald's, Outback e Starbucks, foi o parceiro no desenvolvimento do produto para a rede brasileira. E Buck Hendrix revela que o grupo, a princípio, organizou-se num pequeno projeto de "teimosia" para insistir no pão de queijo.

— Maria Luisa brigou muito pelo pão de queijo; foram numerosas idas e vindas – lembra ele. – Seattle disse "Não, não, não" ao pão de queijo, diziam "isso não é relevante". Mas Ricardo, Luisa, Pablo e eu resolvemos ir adiante, envolvendo o *chef* John Eccleston, que ficava baseado em Seattle, para ajudar a montar a linha de produtos. Nossa ideia era fazer o melhor pão de queijo do Brasil, com alguma coisa diferente. Assim o produto poderia ser único, com um diferencial.

O pão de queijo servido em qualquer loja da Starbucks em território brasileiro é produto de uma série de experimentos de Ricardo Carvalheira. Havia, desde o início, a ideia de que o cliente não poderia ficar esperando que o processo saísse do zero, da massa crua, e demorasse a chegar à mesa. Também não seria razoável que os pães ficassem expostos na vitrine à espera de um pedido – que poderia eventualmente demorar, retirando-lhes sabor e textura. A solução foi criar uma fórmula em que o pão de queijo fica pré-assado e, no comando do caixa, é levado ao forno por cerca de dois minutos até chegar ao cliente. Uma fórmula testada à exaustão até que chegasse à aprovação de Eccleston. O *muffin* de parmesão, outra

NOVIDADE

Café americano com pão de queijo

Rede Starbucks inaugura hoje 1.ª loja no País, no MorumbiShopping

Starbucks inaugura, no Brasil, duas cafeterias

Há cafés preparados com grãos nacionais e importados

geladas com café e mesmo acesso de banda larga à Internet

"Esta bebida (o cafezinho comum) que muitos brasileiros costu- ...as jogar goela abaixo ten- ...parecer", disse Alexandre ... secretário executivo da ... Brasileira de Cafés Espe- ...as grandes redes de café tem um papel importante na mudança de hábitos e na criação de uma determinada cultura de café".

A Associação Brasileira da Indústria do Café projeta que o consumo em 2006 irá atingir 16,5 ... sacas (60 kg cada) – mais ... bro dos 8,2 milhões de ... nsumo está projetado pa- ...ros 27% para 21 milhões ...té 2010, de acordo com a ...

...os para produtores, que ... em baixa por anos, ape- ...temente se recuperaram, ...res começaram a melho- ...lidade e especialidade ...ados de café para obter ...

REPORTAGEM DE CAPA

Qual o segredo da empresári... Maria Luisa Rodenbeck, a mulher por trás do sucesso da rede de cafeterias Starbuc... no Brasil? Por suas mãos – e as de seu marido, Peter – já chegaram e progrediram outr... marcas globais fortes, como a... lanchonetes McDonald's e o... restaurantes Outback ... *pág.* ...

CAFETERIAS

Blend especial para mercado brasileiro

Starbucks lança café mais encorpado para atender o gosto nacional e enfrentar a concorrência

MARIA LUIZA FILGUEIRAS
SÃO PAULO

...ix, Maria Luisa e Coles: conquista de clientes com blends nacionais

em veículo algum e estamos fora do mercado de marketing. Nossa propaganda são nossos produtos", destaca Coles.

Assim, o conhecimento sobre cada café vendido na rede ganha importância. Não só os funcionários mas também a alta cúpula da Starbucks passa por treinamentos para conhecer as características de cada grão.

Foi em um treinamento no México, aliás, que Maria Luisa e o marido, Peter Rodenbeck, conhecido pela introdução da McDonald's e Outback no Brasil, conheceram o diretor do grupo Alsea, Alberto Martinez. Além de operar a marca Starbucks no México, o Alsea é responsável ali pelas marcas Domino's Pizza e Burger King e agora detém participação na Café Sereias do Brasil, empresa comandada por Peter e Maria Luisa que detém 59% de participação na joint venture com a Starbucks Company.

..., como avenida Paulista e ...ão dos Jardins, tanto para ...ings, como loja de rua e ...o de centros empresa- ..., conta Maria Luisa. ...les afirma que a companhia ...me as "intempéries" econô- ...do mercado brasileiro. "Es- ... em outros países que tem ...ênia de risco e, como que-

remos construir um negócio de longo prazo, podemos enfrentar altos e baixos", diz. Na América do Sul, a marca já está presente no Chile e Peru, e já ensaia entrada na Argentina e Colômbia.

Uma peculiaridade da maior rede de cafeterias do mundo é não destinar verba alguma para publicidade. "Não anunciamos

Unidade da rede norte-americana de cafeterias Starbucks no shopping Morumbi (SP), a primeira no país, que será inaugurada hoje

Carta ao leitor

O "Índice Starbuck...

Starbucks estréia hoje no Brasil com café a R$ 2,80

Rede inaugura loja no shopping Morumbi (SP) e aposta em fornecedores locais

...tarbucks Card deve operar aqui

...nesses lugares é mais do ...ír uma dose de cafeína. ...com estilo, imagem, coi- ...o ainda mais subjetivas", ...aga.

WOLFGANG KAEHLER/CORBIS/STOCK PHOTOS

LAILSON SANTOS

Maria Luisa Rodenbeck, responsável pela implantação da Starbucks no Brasil: uma década de negociações

CAFEZINHO AÍ?

A MULHER POR TRÁS DA STARBUCKS NO BRASIL, ABRE MAIS 10 ANO E REVELA SUA FÓRMULA DE SUCESSO Por Adriana Mattos

wood; em breve a marca estará no título de um blockbuster estrelado pelo ator Tom Hanks ("Como a Starbucks Salvou Minha Vida"); nomes extraídos de seu cardápio já fazem parte da cultura pop do fim do século XX e início do século XXI. Uma frase atribuída à atriz americana Janeane Garofalo retrata com humor a ubiqüidade da marca nos EUA: "Eles acabaram de abrir mais uma loja da Starbucks. Na minha sala".

Mas qual é o verdadeiro segredo da empresa? Muitos livros e teses já foram escritos sobre o assunto. Há quem diga que ele se baseia única e exclusivamente no conforto das lojas e na arte de convencer os consumidores a comprar, por 3 dólares, um cafezinho de 1 dólar. Esse retrato não faz jus à engenhosa logística da companhia nem à qualidade do café, selecionado incessantemente por especialistas numa base em Lausanne, na Suíça. A Starbucks paga mais caro pelos grãos que compra com o objetivo de fidelizar produtores, garantir que eles incorporem critérios socioambientais e realizem o plantio com metodologias que considerem a conservação da biodiversidade e suas condições de sobrevivência — em suma, um leque de ações sociais feitas, em parte, para vencer a forte resistência cultural e ideológica à sua expansão. Mas o principal objetivo do sobrepreço pago aos produtores é assegurar o suprimento e criar marcas que fiquem gravadas na mente dos consumidores (Colombia Nariño, Costa Rica Tarrazú, Ethiopia Sidamo, Ipanema Bourbon e Kenya são algumas delas).

A Starbucks adotou, na década de 80, uma estratégia similar à da Apple: introduziu, na vida dos americanos, uma necessidade que não existia — no caso da Apple, aparelhos inovadores; no da Starbucks, bom café num ambiente acolhedor e moderno. Aliás, tão acolhedor e moderno que os consumidores da Starbucks pagariam até pelo ar que respiram, desde que pudessem passar horas lendo jornais e revistas nas lojas. Em entrevista a VEJA, Ernesto Illy, presi-

REDE GLOBAL: com US$ 7,7 bilhões de receita e 146 mil funcionários, a cadeia abre 2,5 unidades por dia em alguma parte do mundo

▶ O SUCESSO DA STARBUCKS

As primeiras lojas brasileiras da cafeteria Starbucks superaram os prognósticos. Assim que foram inauguradas, as duas unidades passaram a liderar o ranking mundial de atendimentos diários da rede. Ou seja, atraíram mais clientes que qualquer outra Starbucks do planeta — e mantiveram a posição por sete semanas seguidas. A empresária **Maria Luisa Rodenbeck**, que trouxe a marca para o país, inaugurou uma terceira loja na semana passada e planeja abrir outros dois endereços neste semestre, todos em São Paulo.

Rede cobra R$ 2,80 por expresso
custa de R$ 0,80 a R$ 1,20 no Brasil

radição do afezinho é esafio para tarbucks

Maria Luisa Rodenck, sócia da Starbucks no Brasil, conta que esperou nove anos para trazer a marca para o país

Varejo Maior rede de fast-food do mundo acelera expansão de cafeterias

McDonald's prepara terreno para disputar com Starbucks

Claudia Facchini
De São Paulo

Maria Luisa, da Starbucks do Brasil, vai abrir mais duas lojas em São Paulo

egócios associação

la trouxe a tarbucks ara o Brasil

Maria Luisa: quase uma década de negociações

QUEM É MARIA LUISA RODENBECK

OS PLANOS

ÓTIMO NEGOCIADOR, PETER COMANDA O AVANÇO DO CASAL NOS NEGÓCIOS

criação de Carvalheira, também fica entre os campeões de pedidos no Brasil. Nos EUA, o carro-chefe sempre tinha sido o *muffin* de *blueberry*.

Eccleston, conforme anunciado pelo jornal "Valor" em 6 de outubro de 2006, veio ao Brasil para "desenvolver a versão verde-amarela do cardápio da rede". A reportagem relaciona como um dos maiores desafios da multinacional no Brasil a quebra da resistência contra bebidas geladas à base de café. Maria Luisa faz nessa reportagem uma pré-apresentação da empresa do ponto de vista do *supply chain* e confirma que "praticamente todo o fornecimento será comprado no mercado brasileiro, como alimentos e embalagens", voltando a fazer a necessária ressalva: "Os cafés, porém, virão da torrefadora da empresa em Seattle, nos EUA. 'Disso, eles não podem abrir mão', afirma Maria Luisa. Outras torrefadoras estrangeiras também compram café no Brasil, mas mantêm a torrefação e a produção dos *blends* nos seus países de origem. Entre os fornecedores escolhidos pela Starbucks no Brasil está a FSB Foods, que irá produzir os *muffins*. Os sanduíches, segundo Maria Luisa, serão entregues pela Gate Gourmet."

> *Ao eleger a Starbucks como seu projeto, Maria Luisa contava não somente com a fama e aceitação da marca, já forte em São Paulo, mas também com a unicidade dos produtos e particularmente a "experiência Starbucks".*
>
> *Porém, a linha de comidas foi desenvolvida no Brasil, por Ricardo Carvalheira. Ele reduziu muito o papel dos doces e desenvolveu uma série de produtos novos na linha de salgados, sanduíches,* muffins *salgados e pão de queijo, este de uma qualidade que deixou o produto em primeiro lugar em vendas.*
>
> Peter Rodenbeck em entrevista à Abrasel/2009

Ainda no final de 2006, outra grande reportagem sobre a chegada da Starbucks aterrissou nas bancas – a revista "Veja" de 15 de novembro estampava na capa grãos de café, aproveitando a abertura iminente das duas primeiras lojas da Starbucks, empresa classificada no editorial como o "mais recente fenômeno criado em torno do café, hoje um símbolo do capitalismo mais forte do que a Coca-Cola ou McDonald's". A abordagem da matéria de Marcio Aith – então editor executivo da revista – reunia o histórico, o comportamento e os tópicos de saúde do café. Incluía ainda uma entrevista exclusiva concedida por Howard Schultz, em que o executivo comentava os preços considerados altos para os padrões brasileiros, falava do mercado de café e cafeterias em geral e avaliava a experiência internacional da rede. A reportagem destacava o Brasil Blend, "a primeira mistura de cafés brasileiros criada pela Starbucks. Ela foi feita para replicar o sabor do cafezinho bebido em xícaras pequenas pelos brasileiros, que, em geral, adoçam a bebida com açúcar", escreve Aith.

Naquela altura, Maria Luisa já negociava o ponto de maior visibilidade da rede brasileira até então: uma casa vistosa, a um quarteirão da mais famosa artéria da cidade de São Paulo, a Avenida Paulista. Na esquina das alamedas Santos e Campinas, o casarão de 250 metros quadrados, imponente, era um sonho de Maria Luisa. A reportagem da revista "Exame" contava detalhes do negócio: "Foram nove meses de conversas com a libanesa Maria Cecilia Beirute, de família rica e proprietária do espaço de 400 metros quadrados. O aluguel é estimado em R$ 30 mil".

foto: Claudio Gatti - Agência IstoÉ

O comprometimento total em proporcionar a experiência Starbucks

Mas foi ainda na Rua Amauri, 286, fortemente simbólica por ter sido a primeira loja de calçada da Starbucks Brasil, que Maria Luisa, em agosto de 2007, deu a entrevista para a reportagem que sairia na capa da revista "IstoÉ Dinheiro" ("Vai um cafezinho aí?"), assinada por Adriana Mattos, que havia saído da "Folha" para a revista semanal. Na capa, elegante e sorridente, Maria Luisa aparecia segurando o icônico copinho branco com o logo da sereia; o texto começava falando da grande loja na Avenida Paulista, prestes a abrir.

Adriana Mattos, no depoimento por e-mail em 2012, ressalta um engano cometido pela revista – "inaceitável", escreve ela. "Foram semanas de apuração até que o material ficasse pronto, mas, por um desses equívocos de fechamento, a primeira página foi para a gráfica com um erro de grafia no nome dela – Maria Luiza, com 'z'. Enviei um e-mail para Maria Luisa, explicando o erro. Nunca me respondeu especificamente sobre aquele engano – recordo-me que disse apenas 'está tudo bem', e agradecia o carinho pela história. Maria Luisa parecia não supervalorizar erros – provavelmente, reflexo da forma prática como analisava os assuntos". Mais à frente, na reportagem, Adriana mencionava que "no currículo do casal encontra-se, por exemplo, a implantação do McDonald's em território brasileiro (...). A seguir, trouxeram o Outback, especializado em comida australiana".

O erro da capa foi, sim, irrelevante para ela. Mas, embora nem Adriana Mattos nem qualquer pessoa fora do círculo íntimo ficasse sabendo, levar o crédito pela vinda das duas marcas anteriores foi devastador.

— Cheguei em casa com a revista, feliz da vida – conta Peter Rodenbeck. – E Luisa estava aos prantos no sofá por causa do engano. Eu não vi nenhum problema, ninguém viu, mas ela considerava aquele crédito indevido e estava arrasada. Aldo de Luca e Luciana Gurgel, em pleno McDia Feliz, perceberam a tristeza pelo que ela considerava um desastre.

Os efeitos do choque não duraram muito. A reportagem teve uma repercussão excelente e vinha consagrar o acerto da escolha de Maria Luisa para ser rosto, voz e alma da Starbucks Brasil também junto à mídia.

— Ela conquistou tão bem e tão rápido o espaço que os jornalistas passaram a tê-la como referência, mesmo que num primeiro momento houvesse telefonemas pedindo entrevistas com Peter sobre a Starbucks – analisa Aldo de Luca. – Dá para acompanhar nas reportagens: era primeiro o casal e, mesmo antes da primeira loja abrir, o foco já mudou para Luisa, uma conquista do valor, não pela imposição.

"Vai um cafezinho aí?", a reportagem de Adriana Mattos, trazia um decálogo com frases e conselhos montado não pela entrevistada, mas pela jornalista e seus editores, a partir da entrevista e de pesquisas. Adriana conta, no e-mail: "Começamos a reunir na redação o material para um quadro de frases de Maria Luisa, que discorria sobre o que as pessoas tinham que se lembrar, pelo menos de vez em quando. São frases comuns, na prática. Há dezenas de livros repetindo o óbvio. Mas ela tinha um trunfo na mão: trouxe a rede Starbucks ao Brasil acreditando naquilo." A jornalista analisa ainda os conselhos destacados ali: "A empresária falava coisas simples para aqueles que queriam mudar de vida, abrir um negócio, tentar algo novo. Isso, num período em que ainda temos pouquíssimas mulheres no comando de empresas, e ainda menos mulheres trazendo negócios para o Brasil."

OS DEZ CONSELHOS DE MARIA LUISA

1 Conheça de cor e salteado a empresa e o mercado em que irá atuar. A melhor estratégia é a informação correta e precisa.

2 Não tenha pressa. É preciso dar um passo de cada vez para não se atropelar durante o processo.

3 Persiga e respeite o seu sonho. Trabalhe com paixão para torná-lo realidade. Aprenda a ouvir com o coração.

4 Você não precisa gastar milhões de reais em campanhas publicitárias. A melhor propaganda será sempre o boca a boca.

5 Se tiver qualquer dúvida da qualidade do produto, jogue-o fora. A menor desconfiança pode abalar o seu crédito.

6 Cumprimente o cliente. Ouça o cliente. Sorria para o cliente. E o mais importante: desculpe-se, caso erre.

7 Clientes querem desenvolver uma poderosa relação emocional com os produtos e serviços. Nós temos de fazer isso.

8 Não estamos no segmento de cafés servindo pessoas. Estamos num negócio envolvendo pessoas e servindo cafés.

9 Consumidores querem ser parte de alguma coisa em que acreditam. Dê a eles serviços e produtos consistentes.

10 Se quiser vencer, você vai precisar de um enorme entusiasmo, porque, por um bom tempo, você irá "respirar" só trabalho.

Uma das muitas manifestações de admiração nascidas dessa reportagem estava expressa no blog de Francinete Mateus, administradora especializada em finanças corporativas, que reproduzia os dez conselhos. "Maria Luisa deixou lições de negócios, de vida e de humildade", escrevia ela em 2010, listando os "mandamentos" acima. Dois anos depois, em depoimento, comenta: "Aqueles conselhos que ela deu cabem no mundo empresarial, no mundo executivo e no mundo de negócios, porque estabelecem valores."

E os valores de Maria Luisa, desde sempre, estavam fundamentados nas pessoas.

STARBUCKS BRASIL – O CONCEITO DE "TERCEIRO LUGAR" SE ESTABELECE

> *"O fenômeno [*da *Starbucks] vai muito além do café. Atende à necessidade subliminar de criar um oásis urbano (...).*
> *Não poupamos esforços no sentido de tornar nossas lojas o mais hospitaleiras, o mais acohchegantes possível, para*

a gente se tornar realmente aquele terceiro lugar favorito, entre a casa e o trabalho do cliente. E procuramos sempre antecipar as necessidades do cliente".

Maria Luisa Rodenbeck, apresentação para Allshop, São Paulo, em 18/07/2007

Um dos pilares da ideologia Starbucks, desde o seu início, é a ideia de criar um novo referencial de ambiente para o frequentador: o terceiro lugar, que se soma à casa e ao trabalho, agregando a sensação de familiaridade à experiência do cliente. O consumidor brasileiro respondeu à proposta.

De: Paulo
Enviado em: 27 de agosto de 2007 12:44
Para: faleconosco@starbucks.com.br
Assunto: O SUCESSO TEM UM PEQUENO SEGREDO

Maria Luisa Rodenbeck, sua simpatia, seu carisma, sua competência, sua perseverança, seu jeito carinhoso de fazer as coisas bem feitas, é comunicativa e muito carismática, observadora e muito organizada. Sua dedicação só poderia se traduzir em muito sucesso. Parabéns – se 10% dos políticos tivessem 50% de suas qualidades, esse Brasil seria o paraíso.

Dividir os elogios era uma prática central no credo de Maria Luisa. Um dos mais importantes reforços na coesão das equipes estava ali – dar crédito a todos os que participavam de uma operação de sucesso, em pequeninas ou grandes ocasiões. O cliente ganhava sua resposta. A equipe era replicada e recebia um duplo cumprimento – o do cliente e o da chefe.

De: Maria Luisa Rodenbeck [mlrodenbeck@starbucks.com.br]
Enviado em: quinta-feira, 30 de agosto de 2007 12:44
Para: Paulo
ASSUNTO: Obrigada pelo depoimento superbacana!

Com Luís Augusto Pinto, gerente de Recursos Humanos da empresa

Prezado Paulo, boa tarde.
Queria te dirigir umas poucas palavras de sincero e comovido agradecimento pelos seus comentários tão enaltecedores ao meu trabalho na Starbucks. Que essa impressão, experiência e inspiração que te provocamos hoje se cristalizem ao longo do tempo, de forma tal a tornarmos nosso pequeno mundo local da Starbucks, na SUA loja, a Amauri, em uma extensão sempre amena, limpa, sincera e aconchegante de sua casa: seu verdadeiro 'terceiro lugar' favorito, na expressão de nosso fundador, depois de sua casa e seu trabalho. Estamos aí, Paulo! Obrigada e volte sempre. A justificativa de nossa existência é VOCÊ, e só VOCÊ, nosso querido cliente e amigo.

Sds,
Maria Luisa Rodenbeck

De: Francisco Duarte [fduarte-cw@starbucks.com.br]
Enviado em: quarta-feira, 29 de agosto de 2007 23:25
Para: Maria Luisa, Flávio Guimarães, Ricardo Carvalheira, Priscila Landgraf, luis
ASSUNTO: fale conosco "Elogios"

Maria Luisa,
É exatamente "Walk the Talk" que está refletido nas nossas operações. Todas as mensagens que VC leva demonstram exatamente o que acontece em nossas lojas.
Hoje, durante nossas visitas às lojas do Eldorado e da New Wing, vimos nossos *partners* extremamente comprometidos na parceria com outros *partners*, ajudando e apoiando uns aos outros... Vimos o cuidado, o sorriso, a experiência que esses *partners* transmitem aos nossos clientes e o amor. A Starbucks do Brasil para o mundo... um exemplo.
É isto... VC é o nosso maior exemplo.

Um forte abraço
Duarte

De: Maria Luisa Rodenbeck [mlrodenbeck@starbucks.com.br]
Enviado em: quinta-feira, 30 de agosto de 2007 10:24

Para: Francisco Duarte, Flávio Guimarães, Ricardo Carvalheira, Priscila Landgraf, luis
ASSUNTO: RE: fale conosco "Elogios"

Obrigada, Dudu, por essa maravilhosa parceria e pela constatação do amor que dedicamos ao entregar esse serviço e esse ambiente da mais fina qualidade em nossas lojas.
Obrigada, *partners*! Vocês são os verdadeiros artífices e principais personagens de todo esse sucesso! E vocês vão longe com essa nossa empresa, que ACREDITA no presente e no futuro de seus jovens e na grandeza de fazer-se uma nação pela força honesta e sincera do seu TRABALHO! Vocês são o EXEMPLO DE HOJE e OS LÍDERES DE AMANHÃ! Pensem nisso, com orgulho e muita certeza!
Ricardo e Flávio – parabéns, comandantes! Uma saudação especial para vocês, guardiães zelosos e dedicados de nossa excelência dos padrões operacionais, que devem ser mantidos com entusiasmo e perseverança todos os dias de nossas vidas.

Abraços e PARABÉNS, Starbucks BRASIIIIIIIIIL!!!
Maria Luisa Novello Rodenbeck
Diretora-Geral / Starbucks Brasil

....

Se o dia a dia daqueles primeiros tempos era cercado de entusiasmo, apesar do cansaço, Maria Luisa tratava de exercer suas funções de líder em todos os momentos, inclusive os mais duros. E "sem mandar recado", afirma Francisco Duarte, que ficou até 2008 como consultor de campo da Starbucks no Brasil.

— Numa sexta à noite, já saindo do escritório em São Paulo para o aeroporto, soube numa conversa de corredor que alguns funcionários haviam sido sondados por um concorrente. Viajei, mas no sábado à noite recebi um telefonema de Miami, avisando que Maria Luisa havia ligado para lá, dizendo que não aceitava a minha postura e que estava muito contrariada por não ter sido comunicada imediatamente. Na segunda-feira, ela foi direta e certeira: "Compreendo as dificuldades, sou grata pelo seu trabalho aqui, mas você não deveria ter deixado que eu soubesse por terceiros." Eu não concordava, mas acatei totalmente o que ela disse.

Luiz Augusto Pinto, que respondia pela área de Recursos Humanos, revela que, na primeira avaliação de performance que recebeu de Maria Luisa, a chefe foi dura, "aliás, como tinha mesmo que ser", diz.

— Eu não tinha grande vivência em CLT, as leis trabalhistas, e ela veio me cobrar: "Nunca te vi pesquisando o assunto." Ela tinha toda a razão.

Naquele mês de agosto de 2007, em que Maria Luisa respondia emocionada aos elogios dos clientes e os dividia com a equipe, já havia seis lojas funcionando (a do Pátio do Shopping Higienópolis abriu em março, a do Shopping Eldorado, em maio; e a da Rua Amauri, em junho) e o trabalho para a inauguração das duas próximas – no subsolo do Shopping Center 3, na Avenida Paulista, e a joia da coroa, na Alameda Santos – seguia acelerado. Maria Luisa continuava a equilibrar muitos pratos no ar. Apesar do suporte espetacular da ainda pequena equipe, de Carvalheira e de Peter, seu papel exigia uma dedicação integral que, muitas vezes, apesar da paixão, a deixava exaurida. Ela fazia até a revisão do material gráfico e da folheteria que ia para as lojas, como descreve Catherine Nakiri, a Cathê, amiga e parceira, naquela época sócia da Hola Comunicação.

No cotidiano, as naturais dificuldades de implantação de uma empresa no Brasil – entre cargas presas na Alfândega e o labirinto de documentação na Junta Comercial – somavam-se à elaboração de estratégia de médio e longo prazos. Além disso, ela representava a companhia nos encontros internacionais. Quando levou o Brasil Blend para uma apresentação num fórum em Miami, decidiu inventar uma graça extra, conta Priscila Landgraf, à frente do treinamento das novas equipes.

— Ela resolveu carregar leite condensado e achocolatado e preparar brigadeiros para o acompanhamento do café – diz Priscila. – Desistiu. Como fazer brigadeiro no hotel? Mas serviu os melhores doces típicos brasileiros, como pé de moleque. Apesar de muito cansada nesses primeiros tempos, quando éramos uma equipe pequena acumulando tarefas demais para levantar a operação, ela estava feliz.

"Nós queremos ser, a partir do instante em que você entra na nossa loja, a daily inspiration *– inspiração diária – com nosso sorriso, com o aroma do nosso café, com o design, com tudo o que cerca o bem-estar que a gente pode proporcionar a você como cliente.*

Nós temos uma paixão por tornar o mundo um lugar melhor. Uma paixão absolutamente inegociável de mudar o mundo".

Maria Luisa Rodenbeck, apresentação para Allshop, São Paulo, em 18/07/2007

GUADALAJARA, EM MARÇO; CIDADE DO MÉXICO, EM SETEMBRO

E o Brasil?
A Starbucks, rede americana de cafeteria, distribui em São Paulo um mapa dos lugares com "os melhores cafés produzidos na Linha do Equador". Lista 17 países. O Brasil fica fora, apesar de a lojona comprar a produção da Ipanema, fazenda em Alfenas, Sul de Minas.

22 • RIO O GLOBO Sábado, 10 de março de 2007

ANCELMO GOIS

E o Brasil?

A Starbucks, rede americana de cafeteria, distribui em São Paulo um mapa dos lugares com "os melhores cafés produzidos na Linha do Equador". Lista 17 países. O Brasil fica fora, apesar de a lojona comprar a produção da Ipanema, fazenda em Alfenas, Sul de Minas.

Nota na Coluna Ancelmo Gois, O Globo, de sábado, 10 de março de 2007

De: mlrodenbeck@starbucks.com.br
Postado em: dom 11/3/2007 14:16
Para: Coluna Ancelmo
Cc: Ricardo Carvalheira, Washington Rodrigues
Assunto: Sua notinha sobre nosso folheto Starbucks

Oi, Ancelmo.
Tudo legal com você? Espero que sim!

Que pena eu ter estado fora do Brasil (ainda estou aqui em Guadalajara para um seminário da Starbucks da área internacional) e não ter podido ser consultada pelo seu pessoal da coluna (ou por você, amigo) sobre o porquê do Ipanema Bourbon e do Brasil Blend não terem entrado na tradução do folheto americano que a matriz providenciou pra gente, enquanto eu estava em treinamento lá fora, no Chile, antes da nossa abertura em dezembro de 2006. Explico. O Ipanema Bourbon não é um produto disponível o ano inteiro. É um produto sazonal. Os nossos sócios de Seattle acham que é melhor figurarem no folheto institucional mundial apenas os cafés disponíveis o ano inteiro. Eu tendo a discordar disso. Minha sensibilidade patriótica e meu profundo apreço por nossos cafés gourmets me farão incluir na próxima edição do folheto a linda FICHA TÉCNICA do Ipanema Bourbon e do Brasil Blend – colocando um lembrete para o consumidor de que são cafés sazonais.

Meus sócios americanos concordaram, sem problema.

Mas... sabe que essa sua notinha, no fundo, veio a calhar? É que tenho uma novidade pra você. Visitamos a Ipanema Coffees em fevereiro e nos encantamos com o Projeto Ciranda do Livro, que leva a leitura e pecinhas de teatro ao interior de Alfenas, a crianças da rede pública.

Uma Kombi estilizada estaciona nas escolas de lá com uma frequência combinada com a Secretaria de Educação e a rede pública local. Da Kombi sai uma fantástica tendinha, um monte de cavaletes e livros para uma leitura ao ar livre e muita diversão, e a criançada se diverte enquanto aprende.

(Tirei uma foto ao lado do Washington Rodrigues, o superintendente da Ipanema Coffees, nessa Kombi, e posso te mandar, se quiser.)

A Starbucks Brasil vai montar umas cestas lindas nas suas três lojas (2 no Morumbi e 1 no Pátio Higienópolis) em abril deste ano para coletar diariamente livros cedidos pela clientela e pelos seus *partners* (funcionários) para o projeto, e mandar tudo para Alfenas. A loja que mais contribuir com a remessa de livros semestralmente vai ganhar uma viagem para a fabulosa Ipanema Coffees e conhecer tudo sobre a fantástica engrenagem que gira em torno da maior produção de cafés arábica de alta qualidade no Brasil – berço de nosso Ipanema Bourbon.

....

MAIS UM CAFÉ
A Starbucks decidiu pôr o Ipanema Bourbon no mapa dos "melhores cafés produzidos na Linha do Equador". A supercafeteria explica que o café brazuca tinha ficado de fora por ser sazonal. Agora, estará no folheto.

Nota na Coluna Ancelmo Gois, O Globo, de segunda, 12 de março de 2007

10 • RIO O GLOBO Segunda-feira, 12 de março de 2007

ANCELMO GOIS

Mais um café

A Starbucks decidiu pôr o Ipanema Bourbon no mapa dos "melhores cafés produzidos na Linha do Equador". A supercafeteria explica que o café brazuca tinha ficado de fora por ser sazonal. Agora, estará no folheto.
Melhor assim.

O tal seminário em Guadalajara, em março de 2007, reuniu as lideranças da Starbucks latino-americana. Ali, Maria Luisa apresentou os projetos em andamento da área de responsabilidade social. Sendo leitora voraz e considerando os livros parte essencial da vida, havia escolhido apoiar projetos ligados ao acesso de crianças e jovens à literatura, com a montagem de bibliotecas em escolas públicas. Apoiava ainda o projeto Ciranda de Livros da Fazenda Ipanema. O projeto estaria incluído no relatório mundial da empresa[2], em consonância com a orientação mundial da Starbucks nessa área, a da relevância local.

"A gente está ajudando as escolas estaduais no Brasil; e me engajei no processo Todos pela Educação, uma iniciativa do setor privado extremamente responsável, consciente do que isso pode significar em 2020, quando a gente pretende ter uma independência verídica, uma independência intelectual e educacional".

Maria Luisa Rodenbeck, apresentação para Allshop, São Paulo, em 18/07/2007

Buck Hendrix descreve a experiência de acompanhar Maria Luisa à escola paulistana para a qual a Starbucks doara uma biblioteca.

— Era tão importante e significativo para ela fazer essa doação! – constata. – Mas nunca, em momento algum, Luisa deixava o foco cair sobre si mesma. E, se tentassem colocá-la no centro da história, ela reconduzia as atenções, delicada e firmemente, para a Starbucks e para a própria escola, seus alunos e professores.

[2] *Starbucks partners in Brazil have focused their support of literacy with their involvement in Ciranda da Leitura – a project developed by Starbucks Mexico and Ipanema Coffees to provide a mobile library for impoverished children in rural communities. In 2007, partners organized several in-store book drives that gave customers an opportunity to donate books to children. The generosity of our customers allowed Starbucks Brazil to donate more than 700 books to Ciranda da Leitura children's library.*
– Relatório Starbucks sobre responsabilidade social 2007/2008

Na primeira semana de setembro, Maria Luisa e Peter seguiram para o México mais uma vez, agora para a celebração dos cinco anos da Starbucks naquele país. Dessa vez, a festa contou com a presença de Howard Schultz e de sua mulher, Sheri.

— Foi um momento especial – recorda Howard na entrevista em 2012, em Seattle. – Estivemos muito próximos, convivemos bastante, e minha mulher me relatou ter sentido exatamente o mesmo que eu já percebera: como Lu era especial, singularmente capaz de reunir e irmanar as pessoas.

Maria Luisa tinha convidado o casal para visitar o Brasil e contou, na volta, que eles haviam prometido vir. Ela ficou animadíssima. A alegria só não foi completa porque Howard não poderia, como ela desejava, estar na abertura da loja da Alameda Santos, o casarão.

A sexta e a sétima lojas, em acelerada construção, seriam abertas em outubro, e mais uma viria em dezembro, a oitava de São Paulo e a segunda no Shopping Eldorado. Mas, para Maria Luisa, foi tempo de fazer uma pequena parada, e celebrar um sucesso com Peter.

AUSTRÁLIA

De: mlrodenbeck@starbucks.com.br
Postado em: Quarta 9/12/2007 14:16
Para: mlrodenbeck@starbucks.com.br
Assunto: Férias

Bom dia a todos!
Está quase chegando a hora da minha partida para aquelas férias anunciadas há algum tempo. A partir de amanhã, 13 de setembro, vou acompanhar meu esposo, Peter, à Austrália (logo ali...) para que ele usufrua do prêmio que ganhou do Outback como melhor franqueado da área Internacional nos dois últimos anos consecutivos. Voltamos apenas no dia 29/9.
Eu estou bastante empenhada em me conectar com todos vocês, de preferência todos os dias, para saber como andam as coisas aqui no Brasil, e me colocar à disposição de vocês para algum assunto mais complexo, do qual vocês necessitem da minha interferência ou opinião.

Para tal, ativei o *smartphone*. Por favor, não hesitem em me ligar para qualquer coisa mais séria, que comprometa nossos cronograma, ou que tenha a ver com algum assunto institucional, de imagem da companhia, de segurança de *partners* e de ativo imobilizado. Ricardo Carvalheira fica como líder responsável neste ínterim e fico extremamente grata a ele por me permitir essa pausa. Obrigada, tenham um ótimo trabalho e que Deus continue nos iluminando, nos protegendo e nos ajudando a cumprir nossa missão de expandir e operar de forma alegre, segura e cortês essa nossa grande pequena empresa.

Beijos e até breve
Maria Luisa Novello Rodenbeck
Diretora-Geral / Starbucks Brasil

A chegada da primavera, em 2007, alcançaria Maria Luisa do outro lado do mundo – certamente com o coração dividido entre a celebração dos prêmios e os cuidados com o "bebê recém-nascido" que era a Starbucks do Brasil. A viagem para a Austrália e a Nova Zelândia era um presente do Outback Internacional, pelos incríveis resultados da operação brasileira, a Peter Rodenbeck, como melhor franqueado internacional em dois anos consecutivos, e a Christiano Londres, pela quinta vez o sócio proprietário do ano. A rota de ida foi Rio-Santiago-Sydney e os planos incluíam muita programação ao ar livre. *Resorts* de golfe, praia na Austrália, esqui na neve na Nova Zelândia, passeios de lancha, trilhas – a intensa atividade *outdoor* nesses 15 dias era pontuada pela alegria de Peter e Maria Luisa. Ela estava feliz.

Na Austrália, com Peter, que desfrutava do prêmio pela melhor operação Outback

— Foi uma viagem de sonho – define Christiano –, que começou com uma tristeza enorme, já que minha cunhada havia acabado de falecer. Luisa, o tempo todo, com a maior delicadeza,

Em Lake Wakatipu, Queenstown, Nova Zelândia

acarinhou e protegeu Ana Paula, minha mulher na ocasião. Peter e Lu estavam vivendo um momento especial, de muito carinho, um verdadeiro namoro. Nunca a vi tão contente, nos nove anos de convívio que tivemos, como nesta viagem.

Maria Luisa só fugiu de dois programas – escalar a ponte de Sydney e pular de *bungee jump*, o salto no vazio em que o esportista tem uma corda elástica atada aos tornozelos. O *smartphone* e o e-mail não foram desativados, é claro; mas, ainda segundo Christiano, ela conseguiu separar bem esse universo de trabalho e relaxar no resto do tempo, embarcando na diversão.

— Havia momentos em que não dava para escapar. Numa manhã, bem cedinho, cheguei ao restaurante para o *breakfast* e já a encontrei digitando furiosamente, concentradíssima. Eu disse que assim não era possível, que estávamos de férias, e ela respondeu: "Chris, estou negociando meu primeiro aumento de cardápio com a Starbucks, brigando por 20 centavos." Notebook aberto, mergulhada em planilhas, trocando e-mails, fazendo contas... e duas horas depois ela sorria, toda feliz: "Consegui fechar em 10 centavos!" Essa era a Lu.

O grupo desembarcou no Rio de Janeiro na madrugada de domingo, dia 30 de setembro, cansado e contente. Para Maria Luisa, o dia era de rever a família – irmãos, sobrinhos, o pai – e de se preparar para a volta ao batente, na segunda.

— Nós nos falamos domingo – conta Ricardo Carvalheira. – E ela estava animadíssima, dizendo que a viagem tinha sido maravilhosa, que ela tinha aproveitado e realmente descansado. No dia seguinte, teríamos as First Impressions, Primeiras Impressões, das lojas que seriam inauguradas no dia 6, o sábado seguinte, e dia 30.

A programação chamada First Impressions era uma sessão de boas-vindas aos novos *partners*, que ali fazem uma pequena imersão nos pontos principais da cultura da empresa e nos aspectos práticos das atividades de inauguração. Maria Luisa havia combinado estar bem cedo em São Paulo na segunda-feira para se encontrar com Ricardo Carvalheira e a nova turma no auditório onde se daria a recepção.

O dia seguinte, 1º de outubro de 2007, amanheceu com céu de intenso azul.

UMA ENERGIA DE AMOR

12

DE SÚBITO, ADEUS

Maria Luisa, pronta e ansiosa para retomar o trabalho, pegou o táxi, um modesto Fiat Uno, pouco depois das 6h, tentando evitar o trânsito matinal e alcançar um dos primeiros voos da ponte aérea Rio-São Paulo. No volante, Valdélio Alves Muniz, de 51 anos. Peter já estava na ginástica matinal quando ela saiu do edifício, no Jardim Oceânico, início da Barra da Tijuca. O táxi não passou da metade da sinuosa Avenida Niemeyer. Numa ultrapassagem, o veículo bateu de frente com o ônibus da linha S-20 que seguia na direção oposta. Talvez o motorista do táxi estivesse contando com a reversão da mão dupla da via que liga São Conrado ao Leblon e que se torna mão única das 6h30 às 10h. Não houve qualquer vítima fatal entre os passageiros do ônibus. Maria Luisa e Valdélio morreram instantaneamente.

Muitos moradores da Barra da Tijuca e de São Conrado que saíam de casa naquela manhã em direção à Zona Sul e ao Centro da cidade estranharam o trânsito muito mais difícil do que o típico *rush* de segunda-feira. Aos poucos, a notícia de um acidente que teria interrompido o fluxo na Avenida Niemeyer foi se espalhando. E, logo depois, o rádio e a internet começaram a divulgar o nome de Maria Luisa Novello Rodenbeck. Alguns amigos e colaboradores mais próximos conseguiram chegar ao local do acidente. Um deles foi o médico Marcos Moraes, sócio e grande amigo do casal, que tomou a frente das providências imediatas. Outro que alcançou o local em pouco tempo, dirigindo na contramão da pista interditada, foi Christiano Londres. O sepultamento aconteceu no mesmo dia, no Cemitério do Catumbi, no Rio de Janeiro. A imprensa em peso noticiou o acidente e lamentou a imensa perda.

Em todo canto, reações de choque intenso e descrença total. Em São Paulo, o treinamento previsto para os novos *partners* foi suspenso; os funcionários das duas empresas, Outback e Starbucks, perdiam o chão.

Em Seattle, nas palavras de Martin Coles – na época presidente da Starbucks Internacional –, "a companhia inteira ficou devastada".

— Recebi um telefonema de Buck e foi terrível dar a notícia a Howard [*Schultz*], a Jim [*Donald*], a todos aqueles que eu sabia terem sido pessoalmente e profissionalmente tocados por Maria Luisa.

Buck Hendrix, emocionado, diz que chegou ao escritório de Howard Schultz – "e ele estava chorando".

— Foi uma das pouquíssimas vezes em que o vi chorar. Havia mesmo uma conexão especial entre os dois e Howard admirava a força, a determinação, a inteligência, o espírito empreendedor de Luisa. Ela era incrivelmente sensível e, ao mesmo tempo, uma fortaleza; era exigente, mas tinha uma paciência espetacular. E, no âmago de tudo isso, um coração enorme, com as melhores intenções. Naquele período, Howard estava realmente ocupado na companhia. Por isso, a decisão de parar tudo por dois dias para voar ida e volta Seattle-São Paulo-Seattle dá uma medida muito clara do carinho que ele tinha por Luisa.

A chegada de Howard a São Paulo, em meio à tristeza, não deixou de ser um orgulho para os funcionários em nome de Maria Luisa. Ele visitou as cinco lojas abertas até então, tirou fotos com os partners e foi à missa de sétimo dia na Igreja de São Gabriel, no bairro do Itaim Bibi. As lojas foram fechadas mais cedo nesse dia, e os funcionários, dispensados. Mas todos, sem exceção, estavam na cerimônia e alinharam-se como uma guarda de honra na saída.

— Senti uma fortíssima energia de amor por Maria Luisa e isso não me surpreendeu – relata Howard Schultz, em 2012.

– Acho que todos nós havíamos percebido o extraordinário ser humano que ela foi. A Starbucks perdeu algo muito especial.

Howard Behar, que foi um dos pilares da empresa até sua aposentadoria, relembra, na entrevista por Skype em 2012:

— Na empresa, a tristeza foi tremenda, porque havíamos encontrado uma alma gêmea e agora a perdíamos.

Após a cerimônia, Howard Schultz foi jantar com a direção da Starbucks Brasil. Sentado ao lado dele, Francisco Duarte – ainda o consultor de campo da companhia no Brasil –, relembra:

— Ele me disse: "A partir de agora, você não está comprometido comigo, nem com a Starbucks. Seu compromisso, a partir de hoje, é com Maria Luisa." Não esqueço nunca esse momento.

Buck Hendrix, em seu discurso na celebração do primeiro ano da empresa no Brasil, revelaria que nesta mesma visita Schultz afirmou: "Poderíamos transplantar os *partners* e as lojas que temos no Brasil para todo o mundo, como um exemplo do que a Starbucks pode ser – com a paixão, o foco e as pessoas certas."

....

Ricardo Carvalheira não chorou no dia da morte de Maria Luisa. Nem no enterro, ou na missa, e por semanas a fio. Levou mais de dois meses para mirar de verdade para o vazio que Maria Luisa havia deixado. Entrou numa espécie de "mundo paralelo", define ele, tocando em frente as inaugurações programadas – as lojas da Alameda Santos e do Center 3, em São Paulo, "com a equipe inteira devastada". O número 2 da companhia no Brasil estava decidido a dar suporte a todos, como ela faria.

— Um dia, sem nenhuma razão especial, comecei a soluçar. E passei dois dias chorando – revela o amigo e parceiro.

Um ano depois, em outubro de 2008, numa convenção da Starbucks em Nova Orleans, ele foi surpreendido por um prêmio, Spirit of Starbucks, em que se homenageava a coragem da turma brasileira que ele passou a liderar frente "à trágica perda de Maria Luisa, pela coragem e a confiança para levar em frente seu sonho". Assinado por Howard Schultz.

— Mas nesse dia senti que a Lu estava por perto. Aliás, ela continua por perto. Sempre.

> *"Não adianta estagnar. É como a água que flui por um rio. Você tem que estar ciente e consciente, e conviver bem com a ideia de que tudo, tudo, tudo muda e que nada é permanente. Se você se engessar, se enraizar demais, vai ficar um pouco atropelado por essa avalanche de gente e energia inovadora que faz o nosso mundo do século XXI ser o mundo veloz que é".*
>
> Maria Luisa Rodenbeck, apresentação para Allshop, São Paulo, em 18/07/2007

Gracas à vida, que me deu tanto
me deu o riso e me deu o pranto...
Violeta Parra, Chile

POSFÁCIO

Norman Baines

Quando fui convidado a fazer essa contribuição para o livro da Maria Luisa, pensei imediatamente no dia em que a conheci. Foi em março de 1981, quando cheguei ao escritório do McDonald's no Rio de Janeiro para fazer a última entrevista para o lugar de *trainee*. Dessa vez, conversaria com o *joint venture partner* Peter Rodenbeck.

O escritório era num apartamento no Flamengo. Quando cheguei, Maria Luisa se apresentou como a secretária do Peter e fez com que eu me sentisse à vontade, sentado em um banco de Kombi que ficava ao lado de sua mesa. Ela me falou que tinha apenas um mês no cargo e começou contar o que já tinha aprendido sobre a empresa nesse tempo. Foi uma daquelas conversas das quais nascem amizades. Eu havia chegado cedo para a entrevista e, quando Peter me chamou, Lu e eu já tínhamos nos tornado amigos.

O que mais me encantou nela, nesse dia, foi a sua postura positiva, as observações inteligentes e a disposição para fazer acontecer. Ela falou muito da cultura da empresa e do seu foco no cliente, da qualidade dos produtos e, principalmente, do desenvolvimento dos seus funcionários. Eu já tinha me identificado com esses padrões de trabalho durante o processo de contratação, mas, quando ela expressou com tanta paixão aqueles conceitos, tudo ficou ainda mais instigante. Havia muita verdade no que ela falava, pois ela sabia que, com esses padrões, vinham também valores básicos como transparência, persistência, integridade e consideração para com os outros.

Felizmente, fui aprovado e entrei na empresa. Passei a ter bastante contato com Maria Luisa. Sempre que conversávamos, havia um comentário sobre o quanto a aplicação desses padrões e valores estava fazendo a nossa empresa e os seus funcionários crescerem juntos. Principalmente os que realmente acreditavam e faziam sua parte na aplicação dos valores no dia a dia do seu trabalho.

Trabalhamos, aprendemos e crescemos muito nos anos de McDonald's, e mantivemos a nossa amizade mesmo depois de tomar caminhos profissionais diferentes. Nós nos encontrávamos socialmente com frequência e, em um desses encontros, ela me falou do seu objetivo de trazer a Starbucks para Brasil. Mais uma vez, ao escutá-la, fiquei impressionado pela paixão e convicção com que ela se expressava e tive certeza de que ela alcançaria seu objetivo. Percebi também que o que mais a atraiu à Starbucks foi a cultura de consideração e inclusão no trato com seus funcionários.

Anos mais tarde e depois de muita persistência, Maria Luisa se tornou uma *joint venture partner* da Starbucks Coffee no Brasil. Rapidamente, ela começou a abrir cafeterias e plantar as sementes do futuro junto aos seus *partners*, como a Starbucks chama seus funcionários. Deu uma contribuição única na implantação da cultura e dos valores da Starbucks, formando um núcleo de pessoas que iam crescendo junto da empresa no Brasil. Outro bom exemplo da importante contribuição dela ao sucesso comercial aqui foi a sua insistência em colocar pão de queijo no menu da cafeteria, na contramão da diretoria de Seattle. Ainda bem que ela venceu a batalha, porque o pão de queijo é um campeão de vendas até hoje!

Infelizmente, Maria Luisa teve pouco tempo para demonstrar toda a sua capacidade empresarial, mas sou grato por ter acompanhado de perto a contribuição dela para o sucesso dessa grande marca no Brasil.

No fim de 2012, estava pensando em

me aposentar quando recebi um e-mail de uma empresa de recrutamento perguntando se eu estava interessado num novo desafio. Muitas entrevistas depois, eu me vi na sala de Howard Schultz, *chairman* e presidente da Starbucks, que me perguntava por que, na minha idade, eu queria assumir a presidência da Starbucks Brasil. Respondi que boa parte da razão era que eu teria a chance de contribuir para a continuidade do projeto que a Maria Luisa iniciou. Howard disse: "Você conheceu a Maria Luisa? Eu a amava, e amava a paixão que ela tinha pela marca!"

Quando assumi, pude conhecer muitos *partners* de Maria Luisa. Pessoas que começaram com ela anos antes e que agora ocupavam cargos de liderança. Eles continuavam contribuindo para o sucesso da marca, do jeito como aprenderam com ela. Hoje, com pouco mais de dez anos no Brasil, Starbucks é uma marca amplamente conhecida e já tem mais de cem cafeterias entre a capital e o interior de São Paulo e a cidade do Rio de Janeiro, além de atender mais de um milhão de clientes por mês.

Fico orgulhoso e emocionado por ter conhecido Maria Luisa e participado de sua história. Foi uma trajetória linda de uma pessoa que fazia a diferença defendendo seus valores com paixão e desenvolvendo o talento das pessoas com um estilo especial de liderança.

Norman Hilary Baines *é inglês com cidadania brasileira, casado, tem uma enteada e dois filhos. Trabalha há mais de 35 anos no Brasil no ramo de franquia de serviço de alimentação.*

AGRADECIMENTOS

Salim Maroun
Patrick Flynn
William (Buck) Hendrix
....
Antonio Novello
Nelida Visconti Novello
Francisco Novello
Lauro L. A. Whately
Ana Amélia A. Whately
Antonia Esteban Novello
João Novello Whately
Isabela Novello Whately
Judith Rodenbeck
Peter Duncan Rodenbeck
Christian Rodenbeck
Cristina Rodenbeck
Maya Rodenbeck
Jacqueline Rodenbeck
John Rodenbeck
Buffie Rodenbeck
Francesco Antonio (Totono) Visconti
Franca Abate Visconti
Elvira Visconti Abate
Daniela Visconti Lozano
Silvio Visconti
Antônio Fuoco
Lunídia V. Fuoco
Anna F. Palmieri
Claudia F. Chianello
Davide Visconti
Maguy Maroun
Jean Paul Maroun
Maria Helena Maroun
Bill e Vânia Williamson
Ned e Roberta Harris
....
Adriana Mattos
Adriana Pires Lopes
Alain Guetta
Alberto Torrado
Aldo de Luca
Ana Clara Leite
Ana Keila Marchiori
Ancelmo Gois
Anna Maria Bittencourt
Ana Paola Antunes Maciel Guetta
Antenor Barros Leal
Artur Andrade
Átila Noronha
Beatriz Solla
Bertrand Letouzé
Beatriz Godinho
Bruno Pappa
Camilo Torre

Carlos Ferreirinha
Carlos Frascari
Carolina Correia
Catherine Nakiri
Célia Portella
Charles Rothschild
Christiano Londres
Claudia Hespanhol
Cliff Borrows
Cosme Torrado
Cristiane Frank
Cristina Anderson
Denise Baptista
Denise Souza de Freitas
Delzi (Zizi) Eller
Dilson Verçosa
Donnie Everts
Edna Sawyer
Elen Cuña
Eliane Bernardino
Eloi D'Ávila
Eurípedes Junqueira
Filipe Vasconcelos
Francinete Mateus
Francisco (Chico) Neves
Francisco Duarte
Giancarlo Zanolini
Gilberto Soares dos Santos
Gordon Simmonds
Greg Walther
Heloisa P. Arruda Camargo
Herbert Steinberg
Herman Huscategui
Howard Behar
Howard Schultz
Ivaldo Nolasco
Jailton Silva
Jaime Homem
James Potts
Janaína Raul
Jinlong Wang
Joan Bragar
John Burns
Jorge Paulo Lemann
José Artur Lima Gonçalves
José Carlos Portella
José Guillermo Alcorta
José Mauro Lorga
Juan Sosa
Kiki Rehki
Larissa Moura
Lawrence (Larry) Fish
Laura Mariani
Leah T. Fish

Leonardo Mesquita
Leonardo Oliveira
Lídia Tannure
Luciana Fróes
Luciana Gurgel
Luiz Ambar
Luiz Augusto Pinto
Luiz Fernando Candiota
Luiz Henrique do Amaral
Luiz Marinho
Luiz Pinho
Luiz Moura
Luiza Serpa
Marcel Fleischmann
Marcelo Carvalho
Marcelo Cherto
Marcelo Freire
Marcelo Lederman
Marcelo Leite
Marcelo Sá
Marcio Aith
Marcia Saint Brisson
Marcos Moraes
Mario Cesar Araújo
Marina Souza Gomes
Martin Coles
Maureen Getcliffe
Mauro Guardabassi
Mercy Potts-Noah
Michael Coble
Michel Langer
Monica Burns Robertson
Monica Galvão
Nancy Kent
Norman Baines
Olivia Vigneron
Osmar Fonte
Pablo Arizmendi-Kalb
Paul Mutty
Peter Mason
Priscila Landgraf
Rafael Bueno
Ragvinder Singh Rekhi
Raphael Zaremba
Regis Mendonça
Renato Lemos
Reynaldo Levi Carneiro
Ricardo Carvalheira
Ricardo Hora
Ricardo Roy Blyth
Ricardo Stern
Ricardo Werwie
Rita Lamosa
Roberta Dawalibi

Rodrigo Telles
Rogério Godinho
Rogério Ramos
Roy Cox
Scott Adams
Sergio Carvalho
Sonia Maria Gomes
Sonia Neves
Tania Gastão Saliés
Tânia Hernandes
Teresa Roman
Walmériston Tavares
Washington Rodrigues
William (Bill) Wells

FONTES: Nexa, Alda OT CEV, ITC Officina Serif
IMPRESSÃO: Gráfica Stamppa
TIRAGEM: 2 mil exemplares